만화로 보는 워런 버핏의 투자 전략

만화로 보는
워런 버핏의 투자 전략

하루 만에 끝내는 주식 투자의 정석

비즈니스랩

머리말

 현재 나는 대학에서 회계학 연구와 교육에 힘쓰고 있다. 회계학의 한 분야인 재무 회계에서는 이용자가 재무제표를 보고 기업의 실정을 파악할 수 있도록 하는 일을 탐구한다. 재무제표에는 돈과 관련된 중요한 정보가 담겨 있어 회계학은 재밌고 가치 있는 분야인데도, 이를 전공하는 학생이 감소하고 있는 것이 실상이다. 아마도 "AI가 발달하면서 사람 손으로 하는 회계는 필요가 없어진다."라는 당치도 않은 소문이 영향을 준 이유도 있을 것이다. 그러나 회계에는 계산적인 측면만이 아니라 언어적인 측면도 있고, 관련된 법령의 개정이 많으므로 온전히 기계에 맡기기란 거의 불가능하다.
 그래서 부디 회계학을 전공하는 학생이 늘어나기를 바라는 마음으로 주목한 것이 워런 버핏Warren Buffett이었다. 버핏은 미국의 경제잡지 〈포브스Forbes〉가 선정하는 부자 순위에서 항상 3위권을 차지하는 대부호이며, 그 성공 비결은 회계였다. 그는 재무제표를 해석해서 투자처를 결정하고, 투자자로서 대성공을 거두었다. 그래서 대학에서는 회계학을 배워야 한다고 단언할 정도로 회계를 중시한다.
 그런 연유로 회계학의 재미를 전달할 정도의 역량이 있다고 자신할 수는 없지만, 회계는 반드시 쓸모가 있다는 것, 좀 더 노골적으로 말해 '회계는 돈이 된다!'라는 것을 학생들에게 전달하기 위해 버핏의 위엄을 빌리기로 했다.
 버핏에게서 배울 수 있는 것은 회계를 이용한 투자 기법만이 아니

　라 삶의 방식과 투자 철학 등 매우 많다. 이런 점을 학생들에게만 전하는 것은 아깝다는 생각이 들 무렵, 일본에서 '2,000만 엔 문제'가 일어났다.

　2019년 6월 3일, 일본 금융심의회에서 공표한 〈고령사회의 자산 형성과 관리〉라는 보고서에는 연금 수입 말고도 노후 자금으로 30년 동안 약 2,000만 엔이 필요하다는 내용이 들어 있었다. 이는 매스컴에 보도되어 연일 화제에 올랐다. 사실 그 보고서에서 하고 싶었던 말의 요지는 늘어나는 수명에 대비해서 자산을 형성하자는 것이었다. 이렇게 노후 대비를 위해서라도 버핏이 주는 가르침은 우리 모두에게 중요하다.

　이 책을 읽는 독자들이 워런 버핏에게 많은 것을 배워서 풍요로운 인생을 위한 자산 형성에 도움이 되기를 바란다.

하마모토 아키라

차례

PART 1   어린 시절부터 남달랐던 비즈니스 감각

| 버핏의 말 | "저는 작은 눈덩이를 아주 젊은 시절부터 굴리기 시작했습니다. 10년만 늦었어도 지금의 저는 없을 겁니다." | 12 |

만화 | 유소년기   다양한 비즈니스를 경험하다   14

- **주요 장면 ①** 복리효과로 비즈니스에 대성공하다   28
- **투자 전략 ①** 이익을 원금에 넣어 복리효과로 늘린다   30
- **주요 장면 ②** 11세에 처음 주식 투자를 경험하다   34
- **투자 전략 ②** 투자에 실패하지 않기 위한 3가지 교훈   36

PART 2   그레이엄에게 배운 가치투자

| 버핏의 말 | "저는 일흔여섯 살이 된 지금도 열아홉 살에 책에서 읽은 사고방식을 실천하고 있습니다." | 42 |

만화 | 청년기   평생의 은사와 파트너를 만나다   44

- **주요 장면 ①** 가치투자의 전설, 그레이엄과 만나다   60
- **투자 전략 ①** 본질적 가치에 주목해서 저렴한 가격으로 주식을 산다   62
- **주요 장면 ②** 대학원 시절에 배운 회계학의 중요성   66
- **투자 전략 ②** 회계학을 토대로 재무제표를 해석한다   68
- **주요 장면 ③** 그레이엄에게 배운 주식의 3가지 철칙   74
- **투자 전략 ③** 투자의 3가지 철칙을 기억하라   76

PART 3 피셔 투자법으로 거둔 성공

버핏의 말	"적당한 기업을 저렴한 가격으로 사기보다 훌륭한 기업을 적절한 가격에 사는 편이 훨씬 낫습니다."	82
만화 | 장년기	피셔 투자법을 실천하다	84
주요 장면 ①	투자판단에 주변 정보를 활용하다	98
투자 전략 ①	소문과 평판을 참고해 투자 여부를 판단한다	100
주요 장면 ②	성장성에 투자하는 성장주 투자	104
투자 전략 ②	15가지 질문으로 기업의 성장성을 평가한다	106
주요 장면 ③	워런 버핏이 내세우는 기업에 관한 지표	110
투자 전략 ③	기업에 관한 지표로 투자 대상을 좁힌다	112

PART 4 버크셔 해서웨이 경영과 기업 평가 기준

버핏의 말	"신용은 세우는 데 20년 걸리지만, 무너지는 데는 5분도 걸리지 않는다."	118
만화 | 전성기	인생 최대의 난관에 휘말리다	120
주요 장면 ①	경영판단으로 유능함을 간파하다	134
투자 전략 ①	경영자에 주목해서 기업을 평가한다	136
주요 장면 ②	연차보고서로 기업의 동향을 추적하다	140
투자 전략 ②	투자 대상에서 제외했더라도 궁금한 기업은 계속해서 추적한다	142

PART 5　최전선에서 투자를 지속하는 워런 버핏

| 버핏의 말 | "다른 이들이 욕심낼 때 두려워하고, 다른 이들이 두려워할 때 욕심을 내야 합니다." | 148 |

만화 | 노년기	IT 기업과 일본 기업에 투자하다	150
	주요 장면 ① 자기 자신의 투자 판단을 믿는다	158
	투자 전략 ① 비즈니스 모델을 이해할 수 있는 기업을 고른다	160
	주요 장면 ② 투자의 신 버핏의 오늘날	164
	투자 전략 ② 장기적으로 안정된 우량기업을 찾는다	166

버핏의 연보　　　　　　　　　　　　　　　　　　　172
맺음말　　　　　　　　　　　　　　　　　　　　　176

일러두기

- 본문의 각주 중 * 로 표시된 것은 저자의 주석이며, ● 로 표시된 것은 역자의 주석입니다.
- 본문 중 달러는 원서 그대로 표기하되, 독자의 이해를 돕기 위해 한화로 환산한 금액을 역주로 달았습니다.
- 주식 투자는 원금이 보장되지 않아 손실이 발생할 위험이 있습니다. 이 책은 정보 제공을 목적으로 하며, 방법을 권유하거나 매매를 장려하지 않습니다.
- 이 책에서 설명하는 내용에 관해서는 만전을 기했지만, 정보의 정확성 및 안정성을 보증하지는 않습니다. 실제 투자에서는 자신의 판단과 책임으로 결정하기를 바랍니다.
- 당시의 상황이나 묘사 등 역사 인식에 관해서는 감수자의 확인 및 자료를 토대로 제작했습니다. 정확하게 서술하려고 노력했지만, 해석 등에서 차이가 있을 수 있습니다.

PART 1

어린 시절부터 남달랐던 비즈니스 감각

WARREN BUFFETT

> **버핏의 말**　　　　　　　　　　**[유소년기] 1930-1948**
>
> "저는 작은 눈덩이를 아주 젊은 시절부터 굴리기
> 시작했습니다. 10년만 늦었어도
> 지금의 저는 없을 겁니다."
>
> — 2004년 《스노볼The Snowball》 제64장의 한 구절

유년 시절부터 비즈니스를 시작하다

비즈니스에 연이어 성공하면서 현재 막대한 자산을 구축한 투자자 워런 버핏. 그 성공은 10대 때부터 축적해놓은 자산 덕분이었다. 앨리스 슈뢰더Alice Schroeder가 쓴 워런 버핏의 전기 《스노볼》*에 따르면 버핏은 자산을 축적하는 과정을 눈덩이를 굴리는 일에 비유했다. 그리고 만약 10년만 늦게 굴렸어도 지금의 지위에 오르지 못했을 것이라고 말했다.

　그가 오늘날 억만장자가 된 데에는 20~30대 시절의 비즈니스가 결정적 역할을 했는데, **10대 시절의 투자와 비즈니스로 기반을 닦았기** 때문이다. 만약 10대 시절의 경험이 없었다면 억만장자는커녕 투자자로서 이룬 성공도 장담할 수 없었을 것이다.

　1930년 세계 대공황이 한창일 때 태어난 워런 버핏은 주식 중개인인 아버지의 영향으로 어린 시절부터 비즈니스 세계에 발을 들여놓았다.

　비즈니스라고 해봤자 시작은 할아버지의 잡화점에서 매입한 껌이나 코카콜라를 방문 판매하는 단순한 일이었다. 머지않아 다 쓴 골프공이나 팝콘까지 판매하기 시작하자 11세에 저축액이 120달러(현재 가격으로 약 2,140달러, 한화로 환산하면

---

* 2008년 9월에 발간된 워런 버핏의 공식 전기. 약 5년 동안 버핏 본인과 가족, 친구 등의 취재를 통해 집필되었다.

약 220만 원-역자)로 불어났다. 주식에도 흥미가 있었던 버핏은 이 무렵 누나 도리스 버핏Doris Buffett과 함께 처음으로 주식 투자에 뛰어들었다. 이때 그는 일생을 관통하는 중요한 교훈 3가지를 얻었다.

젊은 시절부터 눈덩이를 굴리다

이처럼 워런 버핏은 10대 때부터 이미 많은 비즈니스를 성공시키며 작은 눈덩이를 만들었다. 눈덩이는 이후 비즈니스를 통해 점점 커져 나갔다.

그는 훗날 이렇게 말했다.

"중요한 것은 게임에서 앞서가는 일입니다. 모든 일을 크게 벌일 필요는 없지만, 게임에서 뒤를 쫓아가는 것보다 훨씬 낫지요."

이 게임이란 그가 종종 꺼내는 말인데, 경제학에서 자주 사용되는 개념이다. 간단히 말해 사회에서 살아가는 사람들이 자신의 이익을 추구하면서 상호의존적으로 의사를 결정하는 거래를 말한다.

비즈니스에서 성공하려면 항상 이 거래에서 앞서가야 한다. 누군가가 움직이기 전에 움직여야 한다. 그런 의미에서 버핏은 작은 일이라도 최대한 일찍 시작하는 것이 중요하다고 설파한다.

또한 워런 버핏은 "적정한 상태의 눈이 있으면 눈덩이는 금세 불어납니다. 물론 그 과정에는 시간이 필요하고, 눈이 많이 달라붙으려면 그에 걸맞은 인물이 되어야 하지요."라고도 했다. 눈덩이를 키우려면 오랜 시간 시행착오를 거치면서 많은 경험을 쌓아 성장해야 한다. 젊은 시절에 눈덩이를 굴리기 시작해서 마침내 성공을 손에 넣은 버핏이기에 할 수 있는 말이다.

1930년 8월 30일

미국 네브래스카주의 오마하라는 시골 마을

워런 버핏은 아버지 하워드 버핏 Howard Buffett과 어머니 레일라 버핏 Leila Buffett 사이에서 태어났다.

버핏이 태어나기 1년 전인 1929년, 전 세계에는 월스트리트 대폭락을 계기로 역사상 최대 규모의 대공황이 불어닥쳤다.

당시 주식 중개인이었던 하워드도 세계 대공황의 직격탄을 맞아 직장을 잃고 저축도 바닥이 났다.

대공황은 5년이 넘도록 이어졌다.

전업주부였던 레일라는 돈벌이 수단이 없었기에 어린 버핏과 일가족은 빈곤한 생활에 내몰렸다.

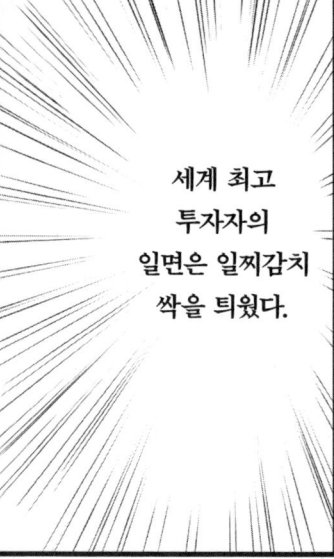

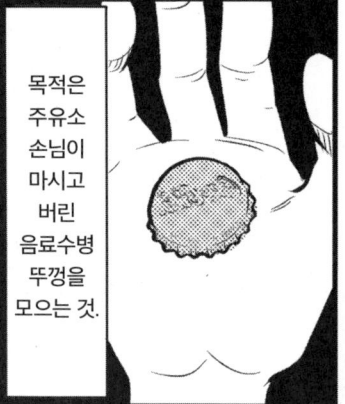

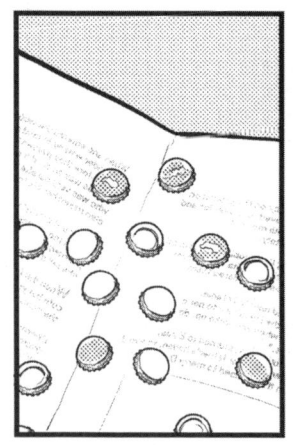
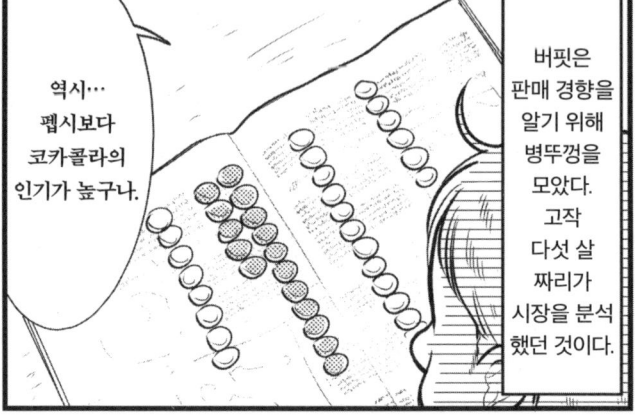

주요 장면 ①　　　　　　　　　　　　　　　　　　　　　　**유소년기**

복리효과로 비즈니스에 대성공하다

6세에 껌과 코카콜라를 팔다

워런 버핏은 어린 시절부터 수학과 기록에 큰 관심을 보였다. 전 세계 여러 도시의 인구와 경마, 야구 시합 결과까지 암기해서 주변을 놀라게 했다. 게다가 **잡화점을 운영하는 할아버지와 주식 중개인이었던 아버지의 영향을 받아 무려 6세에 비즈니스를 시작했다.**

　비즈니스라고 해봤자 처음에는 껌과 코카콜라를 방문 판매하는 단순한 일이었다. 예를 들어 할아버지의 잡화점에서 1팩에 3센트인 껌을 매입한 뒤에 그것을 5센트에 팔았다. 얼핏 보면 아주 단순한 장사지만, 정확히 2센트의 이익을 얻을 수 있었다. 같은 방법으로 6병에 25센트인 코카콜라도 매입해서 1병에 5센트에 판매했다. 이쪽도 정확하게 5센트의 이익을 얻을 수 있었다.

비즈니스 서적에서 복리효과를 배우다

당시 버핏에게 가장 큰 영향을 준 책은 프랜시스 미네커Frances Minaker의 《1,000 달러를 버는 1,000가지 방법》*이었다. 도서관에서 이 책을 발견한 버핏은 책이 뚫어져라 열중해서 읽었다.

　이 책에는 화폐의 역사부터 구체적인 비즈니스 아이디어까지 소개되어 있는데, 특히 흥미로웠던 것은 '1센트로 이용 가능한 체중계' 이야기였다. 내용은 다음

＊ 1936년 발간된 서적. 오랫동안 절판되었다가 2015년 다시 출판되었다(한국에는 발간되어 있지 않다-역자).

과 같다. 체중계를 사서 누구라도 1센트만 내면 사용할 수 있도록 한다. 그렇게 이용객에게 받은 돈을 모아 새로운 체중계를 산 다음, 그 이익을 또 다른 체중계를 구매하는 데 사용한다. 이 과정을 반복하면 얻는 이익도 점점 커진다. 이것은 이익을 재투자해서 더 큰 이익을 창출하는 복리효과의 사고방식이었다.

11세 무렵에는 골프장에서 회수한 골프공을 재판매하고, 풋볼 경기장에서 팝콘을 팔아 120달러를 저축했다. 이 돈은 현재 가치로 환산하면 2,140달러(한화로 약 220만 원-역자)라는 큰돈이다.

그 후 16세까지 우표 판매와 세차 서비스 등 많은 비즈니스를 시작했지만, 신문 배달 아르바이트를 제외하고는 오래 하지 못했다. 그러나 개중에서도 핀볼 기계 비즈니스는 대성공을 거두었다.

복리효과를 이용해서 5,000달러를 벌다

고등학생 시절 버핏은 윌슨코인머신회사Wilson's Coin Operated Machine Company를 설립했다. 그는 중고 핀볼 기계를 25달러에 구매해서 이발소에 설치한 뒤, 대기 중인 손님들이 이용하도록 했다.

핀볼 기계의 매출은 점주와 반으로 나누었는데, 버핏은 **자신의 이익을 새로운 핀볼 기계를 구매하는 데 사용했다**. 그렇게 해서 시작할 때의 핀볼 기계 값과 맞먹을 만큼 이익을 늘렸다.《1,000달러를 버는 1,000가지 방법》에서 배운 복리효과를 활용한 것이다.

이 계획 역시 잘 맞아떨어져 사업 규모가 점점 확대되었다. 핀볼 비즈니스는 고등학교를 졸업하기 전 어느 퇴역 군인에게 1,200달러에 매각했다. 이 무렵 워런 버핏의 재산은 약 5,000달러(현재 한화로 약 5,800만 원-역자)로 꽤 많은 돈을 저축했다.

투자 전략 ①   버핏의 투자법 해설

이익을 원금에 넣어 복리효과로 늘린다

원금+이자에 이자가 더 붙는 복리

14세에 버핏이 핀볼 기계 비즈니스를 시작했을 때 염두에 둔 것은 책에서 읽은 복리효과였다. 복리효과의 유효성은 아인슈타인도 인류 최대의 발명이라고 말했을 정도다.

    일반적으로 예금이나 투자를 하면 원금(자본이 되는 자산)에서 1년이나 반년 등의 정기적인 기간에 이자나 배당금을 얻는다. 이자는 은행에 따라 다르지만 다음

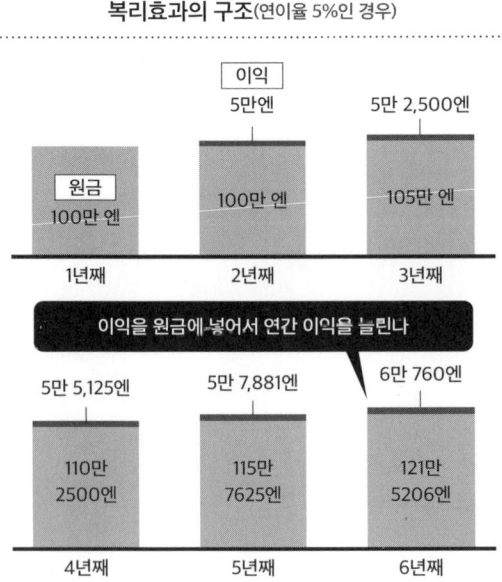

복리효과의 구조 (연이율 5%인 경우)

계산식으로 구할 수 있다.

- 이자=원금×이율

가령 100만 엔의 원금에 이율이 5%라면 100만 엔×5%로 5만 엔의 이자가 생긴다. 이처럼 처음에 준비한 원금에 대해서만 이자가 붙는 것을 '단리'라고 한다.

반면에 받은 이자를 원금에 넣어서 **원금+이자에 이자가 붙는 것을 '복리'라고 한다.** 복리효과란 원금에서 발생한 이자를 다음 분기의 원금에 넣어 원금이 증가함에 따라 다음 분기 이후의 이자도 눈덩이처럼 불어나는 것을 말한다.

묻어두기만 해도 50년 후에 약 12배가 된다

이런 복리효과를 이용한 운용법을 복리운용이라고 한다. 복리는 다음 계산식으로 구할 수 있다.

- 1회 차의 이익=원금×이율
- 2회 차의 이익=(원금+1회 차의 이익)×이율
- 3회 차의 이익=(원금+1회 차의 이익+2회 차의 이익)×이율

예를 들어 원금이 100만 엔이고 이율이 연간 5%라면 100만 엔×5%로 5만 엔이 1년 차의 이익이다. 이 5만 엔을 다음 분기의 원금에 넣으면 다음 해의 이익은

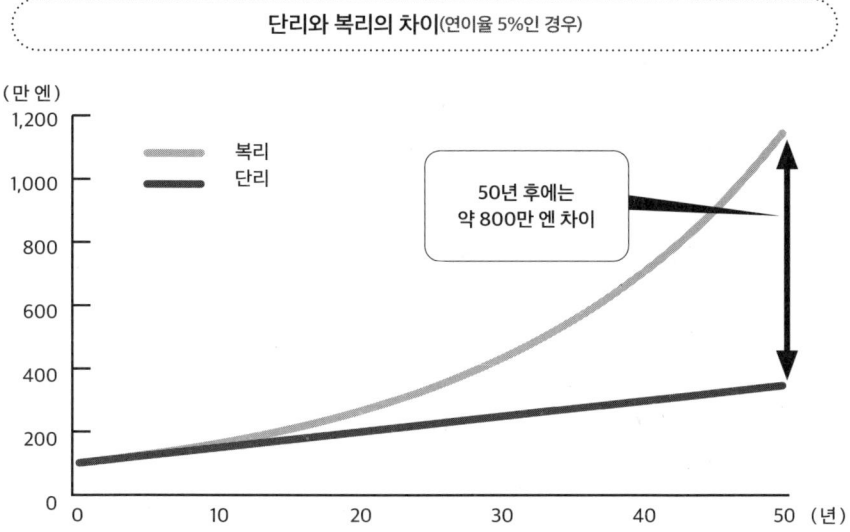

(100만 엔+5만 엔)×5%로 5만 2,500엔이다. 그리고 3년 차의 이익은 (100만 엔+5만 엔+5만 2,500엔)×5%로 5만 5,125엔이 된다. 마찬가지로 4회 차 이후의 이익도 (원금+그때까지의 이익)×이율로 구할 수 있다.

복리운용은 장기 투자와 상성이 좋다

얼핏 보면 금액이 얼마 되지 않을 것 같지만, **이 과정을 계속하다 보면 10년 후에는 100만 엔의 원금이 약 163만 엔으로, 50년 후에는 1,147만 엔이 된다.**

반면에 단리운용의 경우에는 어떨까? 만약 당기에 발생한 이익을 원금에 넣지 않고 다른 곳에 쓴다면 원금×이율로 매회 5만 엔의 이익밖에 내지 못해서 50년이 지나도 350만 엔밖에 되지 않는다. 즉 복리운용은 이익이 이익을 낳아서 점점 불어나는 구조다.

복리운용을 한다고 해도 100만 엔의 자산을 5%의 이율로 1,000만 엔으로 늘리려면 50년 가까이 걸린다. 한마디로 **최대한 빨리 시작하는 것이 복리효과를 극대화하는 요령이다.**

주식 매매로 얻는 이율(투자 성적)은 매번 다르기 때문에 이처럼 단순하지 않다. 아예 이익이 나지 않으면 복리는커녕 단리조차 생기지 않기 때문이다. 그러나 배당금으로 생기는 이익을 목적으로 장기 투자를 하면 보유 기간을 길게 해서 충분한 효과를 얻을 수 있다. 주가가 다소 변동한다고 해도 계속 보유하기만 하면 이익이 불어나기 때문이다.

복리효과로 경이적인 성과를 올리다

실제로 복리운용을 하려면 어떻게 해야 할까? 별로 어려운 이야기가 아니다. **주식의 매매로 이익이 발생한 경우 다음번 거래를 할 때 원금에 더하면 된다.** 상기 보유를 해서 분기 말에 배당금이 나온 경우에는 그것을 재투자한다. 혹은 투자신탁(펀드)으로 운용하는 경우에는 사전에 무배당형*을 골라야 한다.

7세 무렵 복리효과를 알고, 이후 그 발상이 매우 중요하다는 것을 통감한 버

---

* 결산일에 배당금을 지급하지 않고, 운용에 돌리는 유형을 말한다. 배당금은 해약 시에 모아서 지급된다.

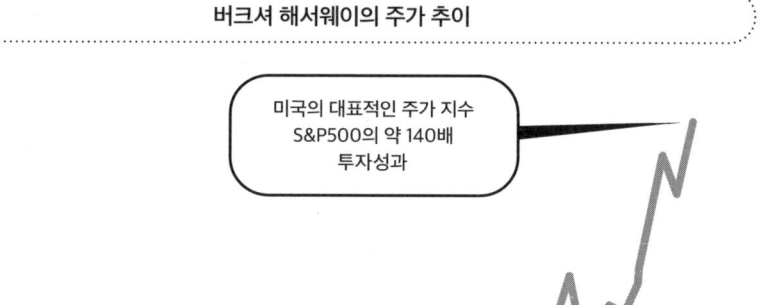

출처: BUSINESS INSIDER
※ 1964년의 소비자 물가지수를 100달러로 계산한 경우

    핏은 1965년부터 버크셔 해서웨이를 운영하는 데에 활용해서 2015년까지 누계 수익 274만 4,062%라는 경이로운 성과를 냈다. 이것은 미국의 대표적인 주가지수 S&P500이 같은 기간에 낸 1만 9,784%의 약 140배나 되는 수치이다.

    복리효과는 장기 보유를 으뜸으로 여기는 버핏의 투자관을 떠받치는 개념이다. 자산운용의 기본적인 사고방식이기도 해서 이를 파악해두면 더 효과적으로 자산을 늘릴 수 있다.

POINT

- 이익을 재투자해서 이익을 더욱 늘리는 것이 복리효과다.
- 시작이 빠르면 빠를수록 복리효과의 혜택이 커진다.

11세에 처음 주식 투자를 경험하다

아버지의 영향으로 주식에 관심을 보이다

버핏은 여섯 살이라는 어린 나이에도 비즈니스에 재능을 보였는데, 아버지의 영향으로 주식에도 깊은 관심을 보였다. 심지어 열 살 무렵에는 뉴욕 증권거래소에서 만난 애트 몰이라는 남성의 재력에 자신의 미래 모습을 투영할 정도로 동경하는 마음을 품었다.

아버지의 사무실에 가서 그곳에 있는 주식과 경제 책을 섭렵하기도 했다. 또한 **일하는 아버지 곁에서 잇달아 갱신되는 칠판의 주가를 흥미롭게 지켜보았다.**

온라인에서 시세 변동을 확인할 수 있는 현대와 달리 당시에는 주가가 오르락내리락하면 칠판의 숫자를 일일이 수기로 고쳤다. 버핏은 집에 돌아오면 자기 나름대로 주가 차트를 만들어 그곳에 숨겨진 패턴을 찾으려고 했다.

11세에 처음 주식을 사다

워런 버핏이 처음 투자에 손을 뻗은 것은 열한 살 때였다. 회수한 골프공과 팝콘 판매 등의 비즈니스로 축적한 돈은 금세 120달러가 되었다. **이 돈을 자본으로 누나 도리스와 함께 석유회사 시티스서비스의 주식을 3주씩 구매했다.**

도리스는 버핏보다 두 살 많았는데, 불황 때문에 생활고에 시달리던 가족이었기에 고락을 함께한 동료와도 같았다.

그러나 당시 둘은 초보 투자자였기 때문에 시티스서비스의 사업 내용을 알지 못했다. 그저 아버지가 오랫동안 고객에게 판매하는 것을 옆에서 본 버핏이 인기 있는 주식이라고 판단한 것이다.

구매 당시 주가는 38달러 25센트였다. 그러나 시장의 상황이 안 좋아지자 주가도 동반 하락했다. 한때 주가가 27달러까지 내려가자 버핏조차도 마음의 동요를 감추지 못했다. 심지어 누나에게 매일 아침 불평을 들어야 했다

마침내 주가가 회복해 40달러까지 오르자 버핏은 가지고 있던 주식을 당장 팔아서 주당 5달러 남짓의 이익을 얻었다. 도리스는 당시를 돌이켜보며 "그때 남동생이 수완가라는 것을 알았어요."라고 말했다.

큰 이익을 놓치고 교훈을 얻다

그러나 40달러까지 가격이 오른 주가는 그 후에도 천정부지로 치솟아 무려 202달러에 달했다. 만약 그때 초조한 마음에 급히 팔지 않았다면 약 500달러(현재의 가치로 약 9,000달러, 한화로 약 990만 원-역자)의 이익을 얻었을 터였다.

훗날 버핏은 그때의 일을 인생에서 가장 중요한 사건 중 하나라고 말했다. **첫 투자를 통해 그때부터 억만장자가 된 현재까지 일생을 관통하는 3가지 교훈을 얻었기 때문**이다.

이 3가지 교훈에 대해서는 다음 쪽부터 자세히 설명하겠다.

투자에 실패하지 않기 위한 3가지 교훈

주식 투자로 교훈을 얻다

워런 버핏은 11세에 처음 주식 투자를 경험했다. 매수 당시 38달러 25센트였던 주식이 40달러로 오른 타이밍에 매각했지만, 상승세를 멈추지 않은 주가는 202달러에 도달했다.

만약 그때 초조한 마음에 주식을 팔지 않았다면 더 큰 이익을 기대할 수 있는 상황이었다. 버핏은 이를 통해 다음과 같은 3가지 교훈을 얻었다.

매수했을 때의 주가에 얽매이지 않는다

첫째, 매수했을 때의 주가에 얽매이지 않는다. 만약 1,000엔에 구매한 주식이 900엔까지 떨어졌다고 하자. 이미 100엔의 손실을 봤으므로 더 이상 손실이 커지지 않도록 팔아야 할까? 아니면 지금 팔아 버리면 그저 손해만 보니 팔지 않고 두어야 할까?

매수했을 때의 주가를 지나치게 신경 써서 조금이라도 가격이 내려간 타이밍에 매도한다면 나중에 주가가 회복되었을 때 그대로 손실을 입을 뿐이다. 반대로 그 후에 주가의 하락세가 예상되는 경우, 빠르게 매도해서 리스크 회피를 하지 않으면 손실을 보게 된다.

즉 **매수했을 때의 주가에 얽매이면 장기적으로 판단하는 능력을 잃고, 감정적인 판단으로 근시안적인 거래를 하게 된다**. 주가에는 내리막도 오르막도 있는 법이다. 일시적인 상하에 일희일비하지 말고, 장기적인 전략을 기준으로 투자해야

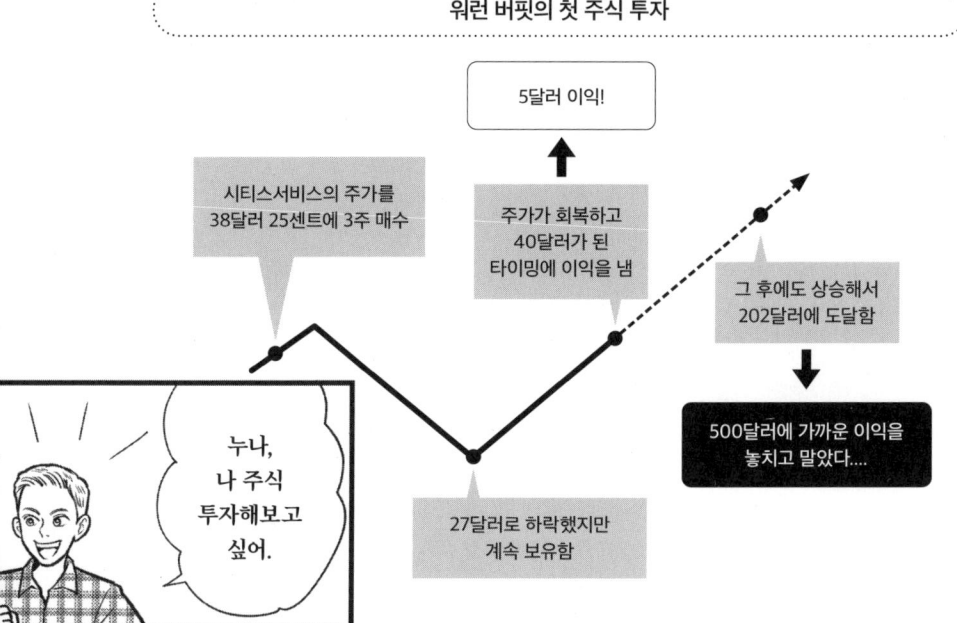

한다는 사실을 명심하자.

버핏도 나중에 구매한 워싱턴 포스트Washington Post의 주가가 처음보다 25%나 내려갔지만, 굳건히 보유한 덕분에 12년 후에는 초기 투자의 20배까지 불어났다.

눈앞의 작은 이익에 현혹되지 않는다

둘째, 눈앞의 작은 이익에 정신이 팔려 커다란 이익을 잃지 않도록 한다. 예를 들어 1,000엔의 주식을 1,100엔에 팔았는데, 2,000엔까지 올라가는 일도 있을 것이다. 이렇게 **눈앞의 작은 이익에 현혹되어 초조한 마음에 매도하면 얻을 수 있었던 큰 이익을 놓치게 된다.**

주식을 살 때는 반드시 목표로 하는 주가(목표 가격)가 있어야 한다. 예를 들어 1,000엔의 주식이 1,100엔으로 올라도 머지않아 2,000엔까지 상승한다는 전망이 있으면 '이 주식은 아직 올라갈 여지가 있으니 팔지 말고 두자'라고 생각할 수 있

(버핏이 투자로 얻은 3가지 교훈)

1 ▶ **매수했을 때의 주가에 얽매이지 않는다**
매수 시의 가격에 얽매이면 조금 하락한 시점에서 팔고 싶어진다.

2 ▶ **눈앞의 작은 이익에 현혹되지 않는다**
이익을 내려고 조금 상승한 시점에서 팔면 커다란 이익을 놓치게 된다.

3 ▶ **절대 다른 사람의 돈으로 운용하지 않는다**
남의 돈으로 운용하는 것은 자신의 돈으로 운용하는 것보다 훨씬 어렵기 때문에 절대 하지 않는다.

다. 그러나 목표하는 가격 없이 그저 수익을 내려고 할 경우 주식이 조금만 올라도 팔게 된다.

절대 다른 사람의 돈으로 운용하지 않는다

셋째, 이익이 난다고 알고 있는 경우 이외에는 다른 사람의 돈으로 운용하지 않는다.

자신의 돈으로 운용할 때는 주가가 내려가도 신중하게 기다릴 수 있다. 하지만 책임져야 할 다른 사람의 돈으로 운용하는 경우에는 그렇게 되지 않는다.

이런 심리 상태일 때는 조금만 손실이 나도 출자자의 안색을 살피게 되고, 그 후 상승하면 손실을 메울 수 있다고 생각해서 당장 주가를 처분할 가능성이 있다. 이렇게 자신이 돈으로 운용할 때보나 훨씬 큰 어려움이 따른다.

그런 의미에서 **워런 버핏은 대출이나 신용 거래보다 현물 거래를 추천한다.** 거액의 돈으로 매매가 성공하면 이익은 크지만, 실패했을 때의 손실도 크다. 하물며 돈을 빌려 투자하거나 신용 거래를 하면 자기 것이 아닌 돈으로 운용하므로 심리적인 어려움이 커진다.

버핏이 추천하는 현물 거래

현물 거래

자신의 계좌 안에 있는 돈으로 거래하는 방법. 종목의 제한이나 매각의 기일이 정해져 있지 않아 자유롭게 거래할 수 있다.

신용 거래

증권회사에서 돈을 빌려 주식 거래를 하는 방법. 매각까지의 기일이 정해져 있거나 변제 기일이 정해져 있기도 하다.

타인의 돈을 운용하면 냉정한 심리 상태를 유지하기가 어려워지므로 투자를 할 때는 반드시 자신의 자금을 운용한다.

반면에 현물 거래는 자신의 계좌에 들어 있는 돈으로 거래를 하므로 모든 책임이 자신에게 있기 때문에 비교적 안전하게 운용할 수 있다.

성공과 실패의 원인을 분석한다

워런 버핏이 90세가 된 지금도 지키는 이러한 교훈은 실패로부터 얻은 것이다. 즉 실패했을 때 원인을 분석하는 일이 중요하다.

예를 들어 일시적인 가격 하락으로 주식을 매도한 경우 매수했을 때의 주가에 지나치게 얽매이지 않았는지 반성한다.

반대로 성공, 즉 이익을 낸 경우에도 돌이켜보는 것이 중요하다. 매도한 후에 주가가 올랐다면 눈앞의 작은 이익에 현혹되지 않았는지 반성해본다. 주가가 오르지 않은 경우라도 당시에 왜 이 시점을 매매 타이밍이라고 판단했는지 되짚어봐야 한다.

만약 이번에 주가가 오른 것이 우연이라면 다음에는 내려갈지도 모른다. 그러나 **처음에 자신이 왜 그 주식을 샀는지 명확하게 알고 있으면 실패를 줄일 수 있다.** 이처럼 성공과 실패의 원인을 분석하고 다음번 거래에 활용하는 것이 중요하다.

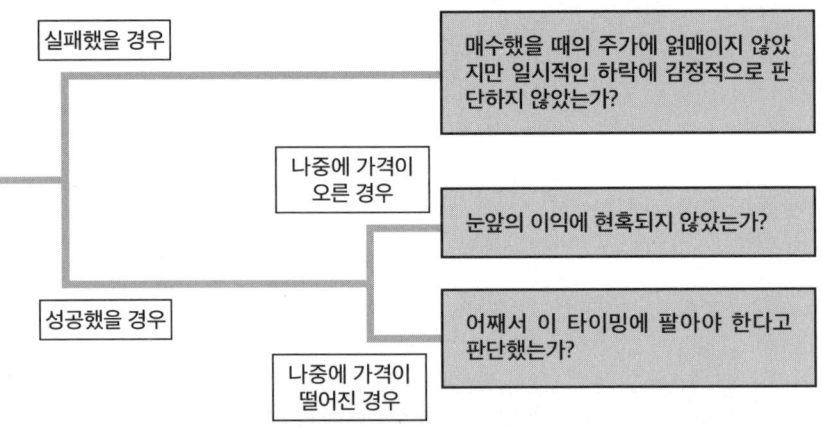

실패(성공) 요인 분석

이익이 나든 나지 않든 그 원인을 분석하고, 다음번에 활용해야 한다.

POINT
- 일시적인 상하로 일희일비하지 않는다.
- 목표 가격에 도달하기 전까지는 팔지 않는다.
- 거래 후에는 성공과 실패의 원인을 분석한다.

PART 2

WARREN BUFFETT

그레이엄에게 배운 가치투자

| 버핏의 말 　　　　　　　　　　　　　　　　[청년기] 1949-1959 |

"저는 일흔여섯 살이 된 지금도 열아홉 살에 책에서 읽은 사고방식을 실천하고 있습니다."

- 2007년 버크셔 해서웨이 주주총회에서

정량분석에 깊은 감명을 받다

워런 버핏이 회장을 역임한 버크셔 해서웨이의 주주총회는 남녀노소를 막론하고 약 4만 명이 참가할 정도로 인기가 높다. 위의 이야기는 주주총회에서 버핏이 17세의 젊은 투자자에게 한 말이다.

　이어서 버핏은 다음과 같이 조언했다.

　"가능한 한 많은 책을 읽고, 시간을 들여 정말로 가치가 있는 것을 가려내야 합니다."

　워런 버핏은 젊은 시절 고향 오마하의 도서관에서 투자에 관련된 온갖 책을 읽으면서 많은 지식을 얻었다. 그중에서도 열아홉 살 때 읽은 책은 투자에 대한 사고의 틀을 만들어주었다. **그 책은 벤저민 그레이엄Benjamin Graham의 《현명한 투자자The Intelligent Investor》이다.**

　이 책은 그레이엄의 투자관과 그가 중시한 정량분석의 방법을 초심자도 알기 쉽게 쓴 이론서이다. 간행 후 금세 베스트셀러가 되었으며, 투자자의 바이블이라는 평을 받기도 했다.

　버핏도 이 정량분석에 깊은 감명을 받았다. 훗날 그는 "이 책을 만난 것은 인생에서 가장 행운의 순간 중 하나입니다."라고 회고했으며, 큰 영향을 받은 인물로 아버지 다음으로 그레이엄을 꼽을 정도였다.

비즈니스 스쿨에서 인생의 은사를 만나다

워런 버핏은 그레이엄의 저서를 읽었을 뿐 아니라 직접 가르침을 받기도 했다. 그는 20세 때 그레이엄이 교편을 잡은 컬럼비아대학교의 비즈니스 스쿨에 진학했다. 그곳에서 투자와 회계학 등 많은 것을 배웠으며, 특히 **그레이엄의 수업에서 증권분석 방법과 리스크 회피를 위한 중요한 사고방식을 얻었다.**

버핏에게 그레이엄은 좋은 직장 동료이기도 했다. 24세에 그레이엄의 권유로 증권회사 그레이엄 뉴먼Graham-Newman에 입사했기 때문이다. 버핏은 그레이엄이 은퇴를 표명한 후 퇴직할 때까지 2년 동안 그의 곁에서 매일 증권분석을 했다.

그 후 워런 버핏은 고향 오마하에서 투자 파트너십* 버핏어소시에이트Buffett Associate를 설립했다. 이때 버핏의 나이는 26세였다. 뛰어난 투자 성과를 올리던 젊은 시절부터 가장 소중히 했던 것은 《현명한 투자자》에서 얻은 배움, 그리고 그레이엄에게 직접 배운 사고방식이었다.

그레이엄의 곁에서 일했을 때 투자 방침을 둘러싸고 그와 대립하기도 했지만, **자신의 투자법을 완성하는 데 대부분을 차지한 것은 틀림없이 그레이엄의 사고방식이었다.**

그레이엄에게 배우고 실천으로 옮겼던 청년기. 버크셔의 경영을 함께하고 평생의 비즈니스 파트너가 된 친구 찰리 멍거Charles Munger와 만난 시기도 이 무렵이다. 투자의 핵심이 되는 사고방식을 19세에 터득하고, 그것을 원점으로 한 투자를 57년간이나 일관했듯이 그의 인생은 20대에 형태를 갖추었다고 해도 과언이 아니다.

---

* 다수의 개인이 공동으로 사업을 운영하는 사업체로, 출자자는 파트너라고 부른다.

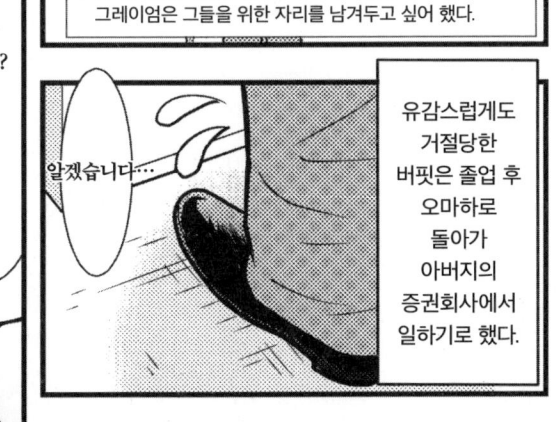

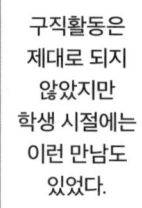

어?

아빠에게 이야기 들었어. 머리가 정말 좋다고.

난 수전 톰프슨 Susan Thompson 이라고 해.

수전 톰프슨…

아버지는 오마하 대학에서 학부장을 하고 계셔.

!

톰프슨이라면 설마!

그 유명한 톰프슨 교수님의 딸이야?!

교수님의 IQ테스트는 아직도 기억하고 있어!

윌리엄 톰프슨 William Thompson
오마하 대학의 학부장
모든 학생의 시험을 감독한 오마하의 유명인

그 후 수전과 사이가 깊어진 버핏은 졸업 후 오마하로 돌아갔고 1952년 봄, 두 사람은 경사로운 결혼식을 올렸다.

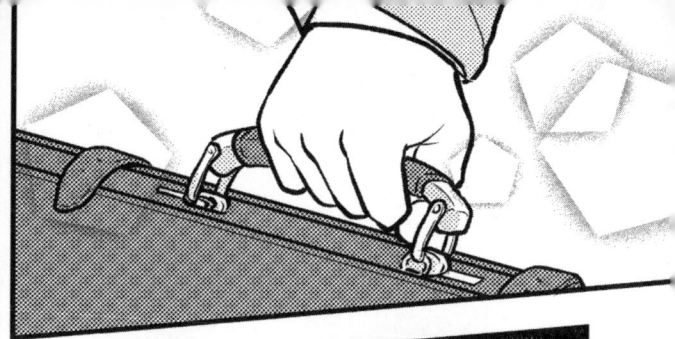

주요 장면 ①　　　　　　　　　　　　　　　　　　　　　　　　　　청년기

가치투자의 전설, 그레이엄과 만나다

투자자 벤저민 그레이엄

워런 버핏이 은사로 추앙하는 벤저민 그레이엄은 미국의 투자자다. 1894년 런던에서 태어났지만, 유대인 출신으로 본명은 그로스바움Grossbaum이며, 한 살에 뉴욕으로 건너와 개명했다. 컬럼비아대학교에서 공부하고, 졸업 후에는 증권회사에 들어갔다. 1926년에 투자회사 그레이엄 뉴먼을 설립했지만, 세계 대공황으로 경제적 타격을 입은 것을 계기로 안전한 투자에 대한 연구를 시작했다.

1928년부터는 컬럼비아대학교에서 교편을 잡았고, 동료 투자자 데이비드 도드David Dodd와의 공저 《증권분석Security Analysis》이 투자자들에게 높은 평가를 받았다. 이 책은 그레이엄의 강의를 바탕으로 데이비드 도드가 대부분을 정리했으며, 그 내용을 일반인도 알기 쉽게 저술한 것이 《현명한 투자자》이다.

이 책에서 말하는 투자법은 **원금의 안전성을 보장하면서 적정한 수익을 얻는 '가치투자'다.** '담배꽁초 투자법'*이라고도 하며, 6가지 항목에 의거한 정량분석으로 재무제표를 해석하고 기업의 본질적인 가치를 간파하는 일의 중요성을 내세운다.

---

* 주식을 저렴하게 사서 비싸게 파는 가치투자 방법을 떨어져 있는 담배꽁초를 한 모금 빠는 것에 비유한 것.

하버드대학교 비즈니스 스쿨에 불합격하다

1950년에 네브래스카대학교를 졸업한 워런 버핏은 컬럼비아대학교 비즈니스 스쿨에 진학해서 그레이엄에게 가르침을 받았으나 당초에는 하버드대학교의 비즈니스 스쿨에 진학하고 싶어 했다.

당시 하버드는 미국 굴지의 명문으로 역대 대통령 외에도 존 애스터John Astor나 데이비드 록펠러David Rockefeller라는 실업가를 배출했다. 그곳에서 배우는 것은 서른 살까지 억만장자가 되겠다고 소리 높여 선언했던 버핏에게는 꿈에 가장 가까이 가는 길이었다.

하지만 결과는 불합격이었다. 하버드 비즈니스 스쿨은 미래의 리더가 될 인물을 원했으나 담당 면접관은 버핏을 그렇게 판단하지 않았다.

그레이엄을 인생의 은사로 추앙하다

하버드 비즈니스 스쿨에 불합격한 후 진학할 다른 곳을 찾던 버핏은 우연히 뉴욕 컬럼비아대학교의 소개 책자를 보게 되었다.

그리고 그곳에 그레이엄과 도드의 이름이 있는 것을 보고 깜짝 놀랐다. 특히 그레이엄은 저서를 통해 알게 되어 신적인 존재로 숭상하던 인물이었는데, 아직도 대학에서 학생들을 가르치고 있으리라고는 생각하지 못했다.

이미 버핏의 머릿속에는 그레이엄의 밑에서 공부하는 것 말고는 다른 생각이 들지 않았다. 입학 직전인 8월경에 이 사실을 알게 된 버핏은 부원장인 도드에게 편지를 보내 입학을 사정했다.

다행히 컬럼비아대학교의 비즈니스 스쿨은 면접 없이 서류 전형만 있었기 때문에 무사히 합격했다. 재학 중에는 주로 그레이엄과 도드의 수업을 들었다. 특히 **버핏은 그레이엄의 수업을 두고 "야구로 말하자면 4할 타자에게 타격을 배우는 격입니다."라고 표현했다**. 그레이엄의 가르침에서 영향을 받지 않은 것은 하나도 없었다.

투자 전략 ①   **버핏의 투자법 해설**

본질적 가치에 주목해서 저렴한 가격으로 주식을 산다

싸게 사서 비싸게 파는 가치투자

버핏이 은사 그레이엄에게 배운 투자법은 '가치투자'라는 이름으로 알려져 있다. 가치투자를 한마디로 말하자면 주식을 싸게 사서 비싸게 파는 방법이다. 많은 상업 거래가 이 원칙으로 성립되는데, 투자 역시 마찬가지다.

    그러나 아무리 저렴하게 샀다고 해도 애초에 실적이 나쁘면 향후 가격이 떨어질 가능성도 있다. 주식 하락을 피하기 위해서 그레이엄은 **가격이 싼지 아닌지에 대한 판단뿐만 아니라 상세하게 재무 분석을 하고, 기업의 본질적 가치***를 간파

가치투자의 7가지 기준

항목	확인 사항
① 사업 규모가 적절한가?	소형주는 피한다
② 재무 상황은 건전한가?	유동자산이 유동부채의 두 배 이상이거나 장기부채가 순유동자산 이하다
③ 수익은 안정적인가?	최소 10년 동안은 적자가 없다
④ 배당이 있는가?	20년 연속으로 배당을 내고 있다
⑤ 수익의 증가는 어떤가?	과거 10년 중에 최근 3년 동안 주당순이익이 최초의 3년간보다 33% 이상 상승하고 있다
⑥ 주가수익비율은 타당한가?	PER이 15배 이하다
⑦ 주가순자산비율은 타당한가?	PBR이 1.5배 이하다

* 6가지 요소로 기업을 분석하면 장기적으로 보장되는 저위험 주식을 발견할 수 있다.

하는 일이 중요하다고 이야기했다.

그레이엄에 따르면 기업의 본질적 가치는 수익성, 안정성, 수익성장률, 재무 상황, 배당금, 과거의 차트까지 6가지를 분석하는 정량분석으로 판단할 수 있다. 그리고 그것을 더 구체적이고 실천적으로 나타낸 것이 다음의 7가지 기준이다.

그레이엄이 내세운 7가지 기준

① 사업 규모가 적절한가?

소형주는 가급적 제외한다. 소형주란 시가총액이나 유동성이 낮은 종목을 말한다. 보통은 시세 변동이 적지만, 급격한 거래 증가와 함께 주가가 크게 오르내릴 위험성이 있다.

② 재무 상황은 건전한가?

제조업이라면 연내에 현금이 되는 자산인 유동자산이 연내에 갚아야 할 부채인 유동부채의 두 배 이상이어야 한다. 또한 내년 이후에 갚아야 할 부채인 장기부채

③ 유가증권 보고서[*]로 수익 안정성을 본다

> 버핏이 가장 중요시하는 당기이익은 '당사주주에 귀속되는 당기순이익' 항목으로 확인할 수 있다.

제1부 [기업 정보]
제1 [기업의 개황]

1 [주요 경영 지침 등의 추이]
(1) 연결경영 지침 등

결산기		2016년 3월기	2017년 3월기	2018년 3월기	2019년 3월기	2020년 3월기
매출액	(백만 엔)	28,403,118	27,597,193	29,379,510	30,225,681	29,929,992
세금 등 조정 전 당기순이익	(백만 엔)	2,983,381	2,193,825	2,620,429	2,285,465	2,554,607
당사주주에 귀속되는 당기순이익	(백만 엔)	2,312,694	1,831,109	2,493,983	1,882,873	2,076,183
포괄이익	(백만 엔)	1,517,486	1,966,650	2,393,256	1,936,602	1,866,642
순자산	(백만 엔)	18,088,186	18,668,953	19,922,076	20,565,210	21,241,851
총자산	(엔)	47,427,597	48,750,186	50,308,249	51,936,949	52,680,436
1주당 주주자본	(엔)	5,513.08	5,887.88	6,438.65	6,830.92	7,252.17
기본 1주당 당사 보통 주주에 귀속되는 당기순이익	(엔)	741.36	605.47	842.00	650.55	735.61
희석화 후 1주당 당사 보통 주주에 귀속되는 당기순이익	(엔)	735.36	599.22	832.78	645.11	729.50

출처: 도요타 자동차 〈유가증권 보고서〉(2020년 3월기)

---

[*] 사업 내용이나 재무제표 등이 기재되어 있는 보고서를 말한다. 상장 기업은 사업 연도마다 공시한다.

가 유동자산에서 모든 부채를 뺀 순유동자산을 넘지 않아야 한다.

③ 수익은 안정적인가?

최소 10년 동안은 적자가 없어야 한다. 워런 버핏이 가장 중시하는 것이 이런 이익의 안정성이다. 다만 그레이엄은 매출을 바탕으로 판단한 반면에 **버핏은 당기이익의 안정성으로 평가하고 있다.**

④ 배당이 있는가?

20년간 연속으로 배당금을 지급하고 있는지 본다. 배당이 있는 한 기업의 경영도 어느 정도 순조롭다고 판단할 수 있다.

⑤ 수익의 증가는 어떤가?

과거 10년 중 최근 3년 동안 주당순이익(EPS)이 처음 3년간보다 최저 33% 이상 증가하고 있어야 한다.

⑥ 주가수익비율은 타당한가?

PER(주가수익비율)이 15배 이하여야 한다. **PER이란 이익을 통해 주가가 고평가되었는지, 저평가되었는지 보는 것이며, 일반적으로 낮으면 낮을수록 저평가**되었다고 하는데, 시장 평균이나 동종 타사와 비교한 뒤 판단해야 한다. PER은 주가/주

⑥⑦ 저평가된 주식을 보는 PER과 PBR

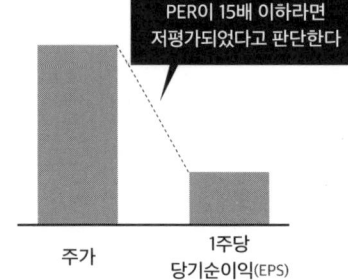
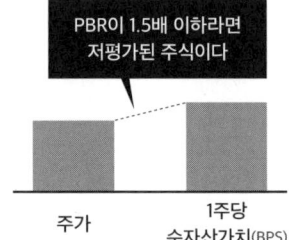

당순이익으로 구할 수 있다.

당기이익이 1,000만 엔, 발행필주식 수가 10만 주인 경우, 1,000만 엔/10만 주로 주당순이익은 100엔이 된다. 현재의 주가가 300엔이라면 300엔/100엔으로 PER은 3배가 된다. 동종 타사의 PER 평균이 10배라면 저평가되었다고 판단할 수 있다.

⑦ 주가순자산비율은 타당한가?

PBR(주가순자산비율)이 1.5배 이하로 PER과 PBR을 곱한 수치가 22.5 미만이어야 한다. **PBR이란 순자산을 통해 주가가 고평가되었는지, 저평가되었는지 보는 것이며, 주가가 주당순자산가치(BPS)의 몇 배인지를 나타낸다.**

순자산이 3,000만 엔, 발행필주식 수가 10만 주인 경우 3,000만 엔/10만 주로 계산하면 1주당 순자산은 300엔이다. 현재의 주가가 200엔이라면 200엔/300엔으로 계산해서 PBR은 0.6배가 되며, 저평가되었다고 판단할 수 있다.

약점도 고려해서 실제 투자에 살린다

이 기준에 따라 판단했을 때 마지막까지 후보에 남은 기업에 투자해야 한다. **기업의 본질적 가치가 높음에도 주가는 낮은 상태에 있다고 할 수 있기 때문이다.** 이런 주식은 저평가되어 있다고 해서 그레이엄은 높게 평가했다.

그러나 워런 버핏은 이 기준을 100% 신뢰하지 않았다. 그레이엄의 이론으로는 재무나 실적에 드러난 부분으로만 기업을 평가할 수밖에 없기 때문이다. 이러한 한계가 있지만, 적자나 배당의 유무에 주목해서 안정성을 평가하거나 PER이나 PBR이라는 지표로 저평가된 주식인지 아닌지 판단하는 것은 리스크를 회피하는 데 매우 중요하다.

나중에 피셔의 투자법(104쪽 참조)을 만나서 버핏의 투자법도 변화한다. 하지만 기업의 본질적 가치를 확인하는 그레이엄의 투자법은 훗날의 투자에서도 활용된다.

> **POINT**
> · 당기이익으로 기업의 안정성을 평가한다.
> · PER이나 PBR로 저평가되었는지 본다.
> · 모든 것을 따라하는 것이 아니라 이론의 일부를 받아들이는 식으로 판단한다

대학원 시절에 배운 회계학의 중요성

비즈니스를 시작한다면 회계학을 배워야 한다

워런 버핏은 컬럼비아대학교의 비즈니스 스쿨에 다니면서 주로 경제학이나 투자를 배웠지만, 가장 의미가 있었던 수업은 회계학이었다. 특히 레이 데인Ray Dein의 수업을 듣고 깜짝 놀랐다. 레이 데인은 회계학을 배우면 재무제표라는 단 한 장의 종잇조각에서도 비즈니스에 도움되는 많은 정보를 얻을 수 있다고 말했다. 그러나 배우지 않으면 소중한 정보도 얻을 수 없다.

비즈니스 스쿨을 졸업한 후 **아버지의 증권회사와 그레이엄 뉴먼에서 일할 때도 대학원 시절에 배운 회계학 지식을 살렸다.** 훗날 버핏은 비즈니스 스쿨에서 무엇을 배워야 하는지, 만약 그곳에 가지 않으면 비즈니스를 시작하기 전에 무엇을 알아두어야 하는지에 대한 질문을 받을 때마다 가장 먼저 회계학이라고 답했다.

회계학은 비즈니스의 공통 언어

워런 버핏의 말에 따르면 회계학은 비즈니스의 공통 언어 같은 것이다. 회계학을 배우지 않고 비즈니스를 시작하는 것은 언어가 전혀 통하지 않는 나라에 가서 비즈니스를 하는 셈이며, 당연히 성공할 수 없다고 했다.

2003년에 버핏은 자신이 회장을 역임한 버크셔 해서웨이를 통해 이동식 주택 제조회사인 클레이턴 홈즈Clayton Homes를 17억 달러에 매수했다. 그러나 당시 회사에 한 번도 시찰하러 가지 않은 상황에서 전화 통화로만 매수를 결정했다.

그렇게 할 수 있었던 것은 사전에 재무제표를 자주 훑어보았기 때문이다. **회계학을 배우면 단순한 숫자만이 아니라 경영자의 경영방침도 재무제표에서 읽어낼 수 있다.** 그렇기에 한 장의 종잇조각으로 17억 달러의 돈을 움직이는 결단도 가능했던 것이다. 만약 회계학을 배우지 않았다면 클레이턴 홈즈를 매수할 일은 없었을지도 모른다.

투자에도 경영에도 회계학이 중요하다

물론 회계학을 조금 배웠다고 비즈니스에 바로 활용할 수 있는 것은 아니다. 외국어를 모국어 수준으로 습득하려면 시간이 오래 걸리듯이 배운 지식을 실용적으로 쓸 수 있을 때까지는 오랜 시간이 필요하다. 그러나 회계학을 소홀히 하고 재무제표를 해석하려는 노력을 아까워하면 주식 종목을 고르는 일조차 불가능할 것이다.

버핏이 이따금 방문하는 기업의 CEO 중에는 회계학을 모르는 사람도 있다. 그들은 컨설턴트나 투자은행의 조언이 없으면 경영도 마음대로 못 하면서 얼굴에는 허세가 보인다고 한다. 그러나 버핏을 비롯한 버크셔의 경영진은 다르다. 다들 **회계학에 정통한 덕분에 투자를 판단하고 방침을 결정하는 일을 본인의 책임으로 진행할 수 있다.**

그중에서도 버핏은 수치 조작 등 재무제표의 모순을 발견하는 것이 특기다. 2002년 주주에게 보낸 편지에는 이 모순을 바퀴벌레에 비유해서 "부엌에 바퀴벌레가 한 마리만 있는 것은 불가능한 일입니다."라고 썼다.

회계학을 토대로 재무제표를 해석한다

회계학도 이해할 수 있다

회계라고 하면 어렵게 들리겠지만, 실제로는 덧셈이나 뺄셈 수준의 계산을 할 수 있다면 습득 가능하다. 게다가 회계를 알게 되면 기업의 재무제표를 읽을 수 있어서 주가 종목을 고르는 데 큰 도움이 된다.

재무제표란 기업이 작성해서 공표하는 재무 내용에 관한 서류를 말하며, **크게 손익계산서, 재무상태표, 현금흐름표의 3가지로 나뉜다.**

상장 기업의 경우 결산 발표 시나 사업 연도별로 작성되는 결산 단신, 유가증권 보고서(전부 기업의 웹사이트로 입수 가능)에 게재되어 있으므로 그것을 꼼꼼히 읽어야 한다.

그러나 별로 시간을 들이고 싶지 않은 사람이라면 투자에 필요한 정보를 발췌한 '야후 파이낸스'나 '모두의 주식' 등의 사이트를 이용하면 편리하다(한국의 경우 네이버 금융 등의 사이트에서 확인 가능하다-역자). 여기에서는 후자의 방법을 이용해 재무제표를 읽는 법을 설명하겠다.

최종적인 이익을 나타내는 손익계산서

첫 번째로 손익계산서를 살펴보겠다. 손익계산서는 매출에서 비용을 뺀 최종적인 이익을 나타내는 것이다. 매출에서 이런저런 수익과 비용을 제한 결과 모회사의 주주에게 귀속하는 당기순이익이 최종적인 이익을 나타낸다.

야후 파이낸스에서 각 기업의 연결결산추이 페이지에는 일부 발췌한 손익

손익계산서 읽는 법 (미쓰비시 상사의 경우)

〈미쓰비시 상사(8058)〉 (단위: 백만 엔/EPS는 엔)

결산기	2020년 3월기	2019년 3월기	2018년 3월기
매출액	14,779,734	16,103,763	7,567,394
영업이익	366,299	584,728	474,389
당기이익	535,353	590,737	560,173
EPS	348.50	372.39	353.27

출처: 야후 파이낸스

영업이익률
경쟁 우위성을 나타내는 지표. 경쟁사와 비교해서 높을수록 좋다.

계산식:
$$\frac{영업이익}{매출액} \times 100\%$$

당기이익
회사가 연간 얻는 수익. 2기 전이나 3기 전과 비교해서 증가하는 경향이 바람직하다.

주당순이익(EPS)
2기 전이나 3기 전과 비교해서 증가하거나 안정적인 경향을 보이는 것이 바람직하다.

계산서 데이터가 게재되어 있다. 여기에서 확인할 것은 당기이익*과 주당순이익(EPS), 영업이익률의 3가지다.

당기이익은 회사가 1년 동안 얻은 수익을 나타낸다. 즉 매출액이 아무리 높아도 당기이익이 낮으면 의미가 없다. **당기이익은 증가 추세를 보이는 것이 바람직하며, 감소 추세를 보인다면 주의가 필요하다.** 과거 몇 년과 비교해서 우상향으로 증가하거나 안정적인 경향을 보이는 기업이 좋다. 반대로 피해야 할 것은 연도에 따라 크게 오르내리거나 우하향인 기업이다. 전자는 극심한 경쟁에 휘둘리는 코모디티commodity 기업**에 많고, 후자는 쇠퇴 산업에 많이 보인다.

마찬가지로 주당순이익도 그 추이에서 기업의 성장성을 알 수 있다. 과거 몇 년과 비교해서 증가 추세이거나 안정적인 기업을 고르자.

영업이익률은 경쟁사와 비교해서 더 높은 기업을 고르는 것이 좋다. 영업이익률은 영업이익/매출액×100%로 계산할 수 있으며, 경쟁 우위성을 나타내는 중요한 지표다.

---

* 야후 파이낸스에서는 과거 3년분을 확인할 수 있지만, 가능하면 10년분을 비교한다.
** 제공하는 상품이나 서비스에 독자성이 없어 경쟁사와의 가격 경쟁으로 고객을 얻으려고 하는 기업.

> 재무상태표(재정상태계산서*) 읽는 법

〈미쓰비시 상사(8058)〉 (단위: 백만 엔)

결산기	2020년 3월기	2019년 3월기	2018년 3월기
당기이익	535,353	590,737	560,173
자기자본	5,227,359	5,696,246	5,332,427
유이자부채	5,760,123	5,092,099	4,954,395

출처: 야후 파이낸스

자기자본
상환 의무가 없는 자기자금으로 조달한 금액. 마이너스인 기업은 투자 대상에서 제외한다.

유이자부채
금리를 지불해야 하는 부채. 유이자부채/당기이익이 가급적 적은 기업을 고른다.

미쓰비시 상사의 경우

$$\frac{유이자부채}{당기이익} = \frac{5,760,123}{535,353} = 10.8$$

⇨ 일본 5대 상사**의 평균인※ 11.9보다 작다!

※ 마이너스인 기업은 제외

저금과 차입금을 나타내는 재무상태표

두 번째는 재무상태표(대차대조표)다. 재무상태표는 그 기업에 저금이나 차입금이 어느 정도 있는지를 나타내는 것으로 자산, 부채, 순자산의 3가지로 나뉜다. 자산은 회사가 가진 재산을 말하고, 부채는 은행 등에서 빌린 돈, 순자산은 주주의 출자나 사업에서 얻은 이익을 말한다.

손익계산서와 마찬가지로 야후 파이낸스의 연결결산추이 페이지에 발췌한 차입금 대조표가 게재되어 있다. 여기에서 확인할 것은 자기자본과 유이자부채 두 가지다. 기업에서 자본이란 사업을 하는 데 필요한 돈이다. 이것을 모은 **총자본 중에 상환 의무 없이 조달한 돈을 자기자본이라고 하는데, 자기자본이 마이너스인 기업은 부채가 많다는 것을 의미하므로 가장 먼저 투자 대상에서 제외해야 한다.**

유이자부채란 금리를 지불해야 하는 부채를 말하며 기본적으로 유이자부채가 많은 기업에 주의해야 한다.

---

* 국제회계기준(IFRS)의 재무상태표를 말한다. 미쓰비시 상사는 회계기준(73쪽 참조)에 IFRS를 채용하고 있다.
** 상거래나 사업 투자 등 폭넓은 사업을 하는 종합상사 중 이토추(伊藤忠) 상사, 미쓰비시(三菱) 상사, 스미토모(住友) 상사, 미쓰이 물산(三井), 마루베니(丸紅)를 말한다.

그러나 큰 기회를 놓치지 않으려고 기업이 일부러 부채를 안고 있을 가능성도 있으므로 어디까지나 이익과의 균형을 보고 판단하기를 바란다. 도표의 유이자부채/당기이익으로 계산해서 최대한 수치가 적은 기업을 고르자.

자금의 흐름을 나타내는 현금흐름표

세 번째는 현금흐름(CF)표다. CF는 그 이름대로 자금(캐시)의 흐름을 영업, 투자, 재무의 활동별로 나타낸 것이다.

모든 주식의 결산 페이지에 CF에 관한 정보가 게재되어 있다. 재무CF나 프리CF 등의 정보도 게재되어 있으나 여기에서 확인하고자 하는 것은 영업CF와 투자CF 두 가지다.

영업CF는 통상 업무에서 돈의 출납을 나타내며, 이것이 적자인 기업은 제외해야 한다.

투자CF는 사업 확대를 위한 재투자로 발생하는 자금의 증감을 나타내며 기업은 사력을 다해서 재투자를 하기 때문에 적자인 경우가 많다.

그러나 버핏이 하는 장기 투자 방식에서는 현재도 보유하고 있는 코카콜라처

현금흐름표 읽는 법

영업CF
통상의 업무에서 돈의 출납. 마이너스인 기업은 투자 대상에서 제외한다.

투자CF
투자활동에 따른 돈의 증감. 지속적으로 마이너스인 기업은 투자 대상에서 제외한다.

재무CF
자금 조달이나 부채의 변제 등에 따른 돈의 출납.

프리CF
영업CF와 투자CF의 합계. 많으면 많을수록 좋은 기업이다.

〈닌텐도(7974)〉 (단위: 백만 엔)

결산기	2020년 3월기	2019년 3월기	2018년 3월기
영업CF	347,753	170,529	152,208
투자CF	-188,433	45,353	61,387
재무CF	-111,031	-109,037	-61,311
프리CF	159,320	215,882	213,595

출처: 야후 파이낸스

럼 경쟁할 필요가 없어 지속적으로 이익을 올릴 수 있는, 즉 **지속적으로 경쟁 우위에 있는 기업이 투자 대상이 된다.** 그러므로 이 부분이 지속적으로 적자인 기업은 배제해야 한다.

실적이나 재무 상황을 나타내는 주요 재무지표

마지막으로 소개할 것은 주요 재무지표를 보는 법이다. 재무지표란 재무제표 중 항목 사이의 비율을 나타낸 것으로, 기업의 실적이나 재무 상황을 판단하는 데 매우 중요하다. 야후 파이낸스에서는 연결결산추이 페이지에 게재되어 있다. 여기에서 확인할 것은 자기자본비율과 ROE(자기자본이익률), ROA(총자산이익률)의 3가지다.

자기자본의 반대로 이자의 유무와 관계없이 부채로 조달한 자본을 타인자본이라고 부른다. 이것과 자기자본을 더한 것을 총자본이라고 하는데, 총자본에서 자기자본이 차지하는 비율이 자기자본비율이다. 일반적으로 40% 이상이라면 파산할 가능성이 낮지만, 수치가 지나치게 높아도 눈여겨봐야 한다. 기업에 신용이 없어서 은행에서 차입이 불가능한 경우 타인자본이 없어 자기자본비율이 높아질 가능성이 있기 때문이다.

ROE는 주주의 출자를 어떻게 효율적으로 운용하고 있는지를 보여주며 높으면 높을수록 좋다. **워런 버핏도 주당순이익(EPS)보다도 ROE를 중시해야 한다고 주장하고, 미국 기업의 평균인 15% 이상을 추천한다.** 그것보다 낮은 기업은 코모디티 기업일 가능성이 크기 때문이다. 참고로 일본 기업의 경우는 10% 전후가 평균이므로 그 이상이라면 우량기업이라고 할 수 있다.

ROA는 기업의 자산을 효율적으로 운용하고 있는지를 나타내는 지표로 최저 6% 이상이어야 하고, 높으면 높을수록 좋다. 그러나 ROA가 낮다고 해서 반드시 투자하지 않는 것은 아니다. 고액의 설비를 필요로 하는 업종은 ROA가 낮은 경향이 있는데, 그만큼 타사가 진입하기 어려워서 장기적으로 좋은 실적을 기대할 수도 있기 때문이다. 그래서 업종 내용과 재무상태표의 데이터를 함께 확인하고, 다른 회사가 모방하기 쉬운지, 총자산이 다른 회사에 비해 고액인지 아닌지 확인하는 것이 좋다.

주요 재무지표 읽는 법

〈닌텐도(7974)〉
(단위: %)

결산기	2020년 3월기	2019년 3월기	2018년 3월기
자기자본비율	79.7	83.4	80.7
ROA	14.27	11.67	9.00
ROE	17.53	14.22	10.86

출처: 야후 파이낸스

자기자본비율
총자산에서 순자산이 차지하는 비율. 많을수록 안전하며, 40% 이상이 합격선, 50% 이상이 이상적이다.

ROA
기업의 자산운용의 효율성을 보는 지표. 최저 6% 이상이어야 하고, 높으면 높을수록 좋다.

ROE
주주의 출자에 의한 자산운용의 효율성을 보는 지표. 일본 기업은 10% 이상이 투자 대상이다.

당기이익의 추이를 중시

버핏은 이 중에서도 손익계산서를 중시하고, 당기이익이 장기적으로 늘어나는 기업에 투자하고 있다. 이것은 최근 회계 기준[*]이 재무상태표를 중시하는 것과 대조적이다.

간단히 설명했지만, 회계학은 심오한 분야다. 이것으로 기업의 모든 사항을 알 수 있는 것은 아니다. 그러나 지금까지 설명한 것을 토대로 재무제표를 분석하면 투자 대상도 저절로 좁혀질 것이다.

> **POINT**
> · 당기이익은 증가 추세가 바람직하다.
> · 유이자부채/당기이익이 적은 기업을 고른다.
> · 영업CF가 적자라면 제외한다.

---

[*] 재무제표 작성 규칙을 말한다. 일본에서는 일본 기준, 미국 기준, IFRS, 수정국제기준의 4종류 중에서 선택할 수 있다.

그레이엄에게 배운 주식의 3가지 철칙

꿈꾸던 그레이엄 뉴먼 입사

컬럼비아대학교의 비즈니스 스쿨을 졸업한 후 워런 버핏은 고향 오마하로 돌아갔지만, 어느 날 그레이엄에게 일자리를 소개해주고 싶다는 연락을 받았다. 버핏은 제안을 흔쾌히 받아들였고, **1954년 증권회사 그레이엄 뉴먼에 증권 애널리스트로 입사했다.** 당시 급여는 연간 1만 2,000달러(현재 한화로 약 1억 3,000만 원-역자)였다.

창문이 없는 방을 배정받은 버핏은 머지않아 저명한 투자자가 된 월터 슐로스 Walter Schloss*와 그곳에서 온종일 일했다.

처음에는 《스탠더드 앤 푸어스 매뉴얼Standard & Poor's manual》이나 《무디스 매뉴얼Moody's manual》(회사의 계간지 같은 것)을 훑어보며 유동자산을 밑도는 가격의 기업을 찾아 전표에 기입하는 일을 했는데, 그때까지 쌓아 온 지식과 경험 덕분에 눈 깜짝할 사이에 출셋길에 올랐다

＊ 그레이엄의 제자로 가치투자를 철저히 한 투자자. 월터 슐로스가 경영하는 투자 펀드는 28년이 넘도록 높은 수익을 올렸다.

주식에 관한 3가지 철칙

버핏은 그레이엄의 곁에서 일하는 동안에 항상 다음의 3가지 철칙을 고수했다.

- 기업의 일부를 소유한다는 마음으로 구매한다
- 안전마진을 이용한다
- 마켓은 주인이 아니라 하인이다

전부 대학원 시절에 그레이엄에게 배운 것으로, **이 중에서도 버핏이 중요하다고 느낀 것은 안전마진이다**. 안전마진이란 일반적으로 리스크가 수반되는 상황에서 안전을 확보하기 위해 설정하는 여유를 가리키는데, 투자에서는 손실을 가볍게 하기 위해 의식해야 할 가격 차(77쪽 참조)를 의미한다.

때로는 그레이엄과 대립하기도

그레이엄도 투자에서 항상 안전마진을 중시해서 시가총액이 청산가치보다 내려간 지점에서 사는 방법을 사용했다. 청산가치란 기업을 매각할 때 회수되는 규모를 나타내는 것으로 기업이 파산했을 때 주주에게 환원되는 돈이기도 하다. 그래서 거의 이 가격에 가깝거나 이 이하로 사면 아무리 투자가 실패로 끝났다고 해도 리스크를 최소화할 수 있다.

또한 그레이엄은 안전에 더욱 신경 쓰기 위해 분산투자를 했다. 그래서 보유한 주식이 1,000달러밖에 되지 않는 기업도 있었다. 이와 달리 버핏의 투자 스타일은 자신의 판단을 절대시한 집중투자로, 그레이엄 같은 위험 회피 방식은 불합리하다고 생각해 그와 대립하기도 했다.

1956년 그레이엄이 갑자기 은퇴를 선언하자 버핏은 충격을 받았다. 여생을 즐기기 위해 캘리포니아로 이주하고 싶다는 것이었다.

당시 버핏은 그레이엄 뉴먼의 주주들에게 그레이엄의 후계자로 지목되고 있었다. 또한 그레이엄으로부터 제너럴파트너general partner•로 승진시키겠다는 이야기도 들었지만, 그가 떠난 회사에 남을 마음이 없었던 버핏은 영광스러운 권유를 거절하고 다시 오마하로 돌아갔다.

• 회사의 채무에 관해 무한의 책임을 부담하는 사원

투자 전략 ③ 　　　　　　　　　　　　　　　　버핏의 투자법 해설

투자의 3가지 철칙을 기억하라

주식은 기업의 일부를 소유하는 권리

대학원 시절, 버핏이 그레이엄의 수업에서 배운 것은 다음과 같다.

첫째, 기업의 일부를 소유하는 마음으로 구매한다. 주식회사는 주식을 발행하고 주주로부터 자금을 조달해서 경영을 성립시킨다. 반면에 주주는 주식을 사는 대신에 기업의 소유권의 일부를 받아들인다. 즉 주식을 사는 것은 기업의 일부를 소유하는 것이다.

그레이엄은 그의 저서 《현명한 투자자》에서 "주가를 보는 것이 투기, 기업을

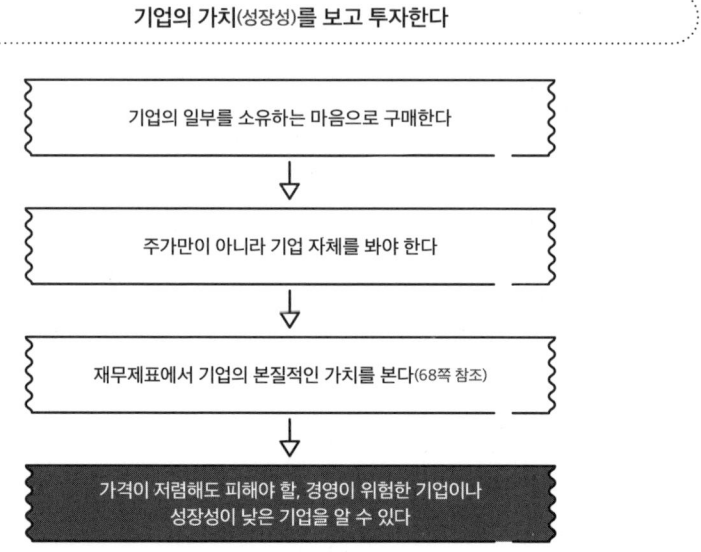

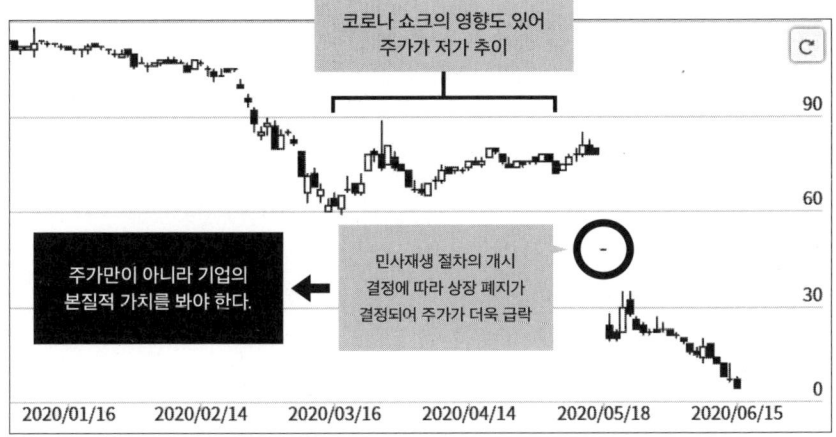

보는 것이 투자"라고 했다. 일반적으로 주식의 시세 변동에만 주목하는 투기라고 해서 나쁜 것은 아니지만, **그레이엄과 버핏처럼 기업의 장기적인 성장을 내다보는 투자를 해야 한다**

그러나 그렇게 하려면 그레이엄이 설명했듯이 재무제표 등을 통해 기업의 본질적인 가치를 확인해야 한다.

가능한 한 손해를 보지 않도록 주의한다

둘째, 안전마진을 이용하는 것으로, 버핏은 이것을 가장 중시했다. 투자에는 예측이 필요하지만, 항상 불확실성이 따라온다. **최대한 리스크를 회피하려면 처음부터 손해가 나지 않는 거래를 하도록 신경 써야 한다.** 이를 위해 중요한 것이 안전마진의 이용이다.

그레이엄에 따르면 안전마진이란 손실을 가볍게 하기 위해 의식해야 할 가격 차를 말하며 더 구체적으로 말하자면 청산가치와 시가총액*의 차이를 의미한다.

---

* 기업의 주가에 발행필주식의 수를 곱한 것. 시장 평가에 의한 기업 가치라고 할 수 있다

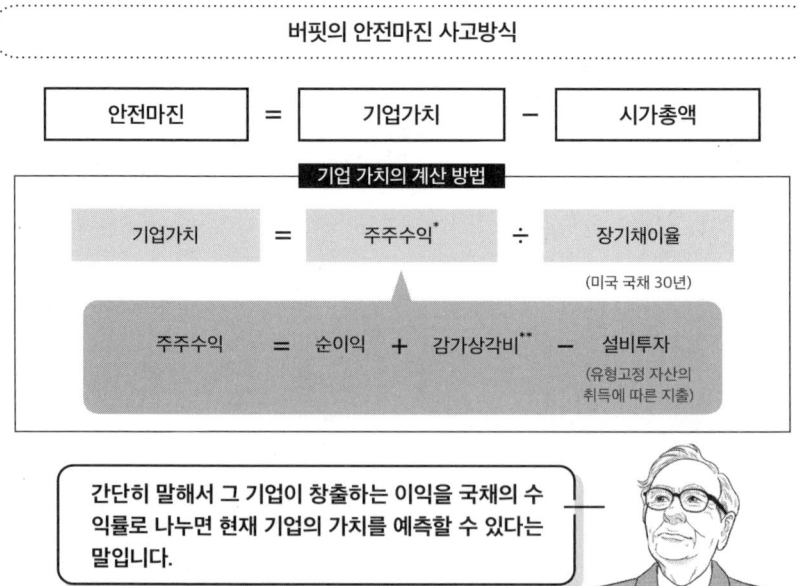

기업 가치와 시가총액을 비교한다

그러나 버핏은 안전마진을 기업 가치와 시가총액의 차이라고 재정의하고 기업 가치가 시가총액을 웃돌수록 안전하다고 했다.

참고로 기업 가치는 다음과 같이 계산한다.

기업 가치=주주수익 ÷ 미국 국채 30년 수익률

가령 기업 가치가 83억 엔이고, 시가총액이 80억 엔이라면 3억 엔이 안전마진이다. 이 차이가 크면 클수록 리스크는 줄어든다. 그런 기업은 PBR(주가순자산비율)이 1배 이하가 되어 지금 당장 기업이 도산한다고 해도 모든 자산이 주주에게 환원되었을 때 주가 이상으로 환원되기 때문이다. 그레이엄에 따르자면 이런 기업에 투자해야 한다.

버핏도 "업자가 3만 파운드(약 13.6톤)의 부하를 견딘다고 주장하는 다리가 건

---

* 워런 버핏이 독자적으로 이용하는 지표. 주주에게 환원할 수 있는 연간 이익을 간단히 계산한 것.
** 고정자산의 구매 금액을 내용연수에 따라 분할해서 계상한 비용을 말한다.

> **안전마진의 산출 예시**

〈스미토모 상사(8053)〉　　　　　(단위: 백만 엔/미국 국채 30년을 제외한다)

순이익	171,359	시가총액	2,043,923
감가상각비	165,340	미국 국채 30년	2.390%
유형고정자산의 취득에 따른 지출	76,935		

출처: 스미토모상사 〈유가증권 보고서〉(2020년 3월기)
야후 파이낸스(2021년 3월 22일 기준)

스미토모 상사의 기업 가치 = 주주수익 ÷ 장기채 수익률

= (171,359 + 165,340 − 76,935) ÷ 4.390%※

= 5,917,175(백만 엔)

※ 버핏은 장기채 수익률이 낮은 경우 1~2% 가산하기 때문에 여기에서도 2,390%에 2% 가산한다.

안전마진 = 기업 가치 − 시가총액

= 5,917,175 − 2,043,923

= 3,873,252(백만 엔)　　스미토모 상사는 4조 엔 가까운 안전마진이 있다!

설되어도 실제는 겨우 1만 파운드밖에 견딜 수 없을 것이다."라고 했다. 즉 여유를 크게 가지고 투자 판단을 해야 한다는 말이다. 안전마진이 보장되지 않는 경우에는 투자해서는 안 된다.

같은 리스크 회피라는 관점에서 그레이엄은 가능한 한 많은 업종과 기업에 조금씩 투자하는 분산투자를 추천한다.

시장에 따르는 것이 아니라 시장을 따르게 한다

셋째, 마켓은 주인이 아니라 하인이다. 그레이엄은 투자를 설명할 때 자주 미스터 마켓이라는 가공의 인물을 이용했다. 미스터 마켓은 매일 주식을 매매하고 있으며, 부탁도 하지 않았는데 찾아와서는 불합리한 가격으로 거래를 제안한다. 그러나 그레이엄에 따르면 그가 변덕스럽게 제시하는 가격에 혹해서는 안 된다.

당연히 미스터 마켓이란 주식시장의 변동을 의인화한 것이다. 이를 통해 **시장은 불안정하지만, 주가가 시시각각 변화한다고 해서 자기 자신도 감정적으로 휘둘려서는 안 된다는 교훈**을 얻을 수 있다.

시장에 따르지 않는다

〈ANA 홀딩스(9202) 분봉차트 2021년 3월 15일〉

즉 시장을 따라가는 것(주인으로 하는 것)이 아니라 오히려 시장을 따라오게 할 (하인으로 삼는 것) 마음으로 투자해야 한다.

현대는 인터넷의 보급으로 언제 어디에서나 주가를 확인할 수 있어서 0.1초 단위의 극히 단기적인 거래도 가능해졌다. 이것은 미스터 마켓이 항상 거래를 걸어오는 상황이 되었음을 뜻한다.

그러니 실시간으로 변동하는 주가에 관심을 보일 것이 아니라 버핏처럼 어디까지나 기업의 성장성과 수익성을 파악한 뒤에 투자해야 한다.

POINT
- 기업의 일부를 산다는 마음으로 주식을 산다.
- 안전마진을 의식해서 손해를 보지 않는다.
- 시장의 변동에 휘둘리지 말고 기업의 성장성과 수익성에 주목한다.

PART 3

피셔 투자법으로 거둔 성공

WARREN BUFFETT

> **버핏의 말**　　　　　　　　　　　**[장년기] 1960-1972**
>
> "적당한 기업을 저렴한 가격으로 사기보다 훌륭한 기업을 적절한 가격에 사는 편이 훨씬 낫습니다."
>
> -1990년 버크셔 해서웨이 주주에게 쓴 편지의 한 문장

담배꽁초 투자법에서 피셔 투자법으로

버크셔 해서웨이를 매수한 지 딱 25년째인 1990년, 당시 60세였던 워런 버핏이 회사의 주주에게 보낸 편지의 한 문장이다.

적당한 기업을 저렴한 가격에 산다는 것은 은사 그레이엄의 담배꽁초 투자법이며, **훌륭한 기업을 적절한 가격으로 산다는 것은 투자자 필립 피셔가 제창한 피셔 투자법이다.**

40세 무렵까지 버핏은 전자를 중시했다. 실제로 그에 따라 커다란 수익을 올려서 26세 당시 자본금 10만 5,000달러로 시작한 파트너십의 자산이 5년 후에 700만 달러를 돌파했다. 다수의 파트너십을 통합한 후에도 변함없이 우수한 투자 성과를 올렸다.

그러던 중 35세에 이루어진 버크셔 해서웨이의 매수를 일컬어 버핏은 실패라 했다. 버크셔는 섬유업을 하는 회사였지만 영업 부진으로 공장이 줄줄이 폐쇄되어, 그야말로 한 모금 빨 여유조차 없는 담배꽁초였다. 실제로 매수 이후 실적이 계속 바닥이라 호조로 전환되는 일은 없었다. 많은 자산과 경영진을 투입해봤지만 개선되지 않았고 매수한 지 20년 후 마침내 모든 방적 공장의 폐쇄가 결정되었다.

매수 당시부터 버핏은 그레이엄의 담배꽁초 투자법에 한계를 느끼기 시작했다. 적당한 기업을 저렴한 가격으로 샀다고 해도 그 후 실적이 오른다고 단정할 수 없

었다. 버크셔의 매수도 같은 이치로 실패로 끝났다. 한계를 느끼고 있던 중에 친구의 소개로 알게 된 피셔의 투자법에 깊은 감명을 받은 버핏은 이를 실천에 옮겼다. 그레이엄이 주목하지 않았던 기업의 성장성을 기대하고 투자하는 방식이었다.

피셔 투자법의 활용

버크셔를 매수한 지 7년 후, 회사 경영이 전혀 개선되지 않자 결행한 씨즈캔디 See's candies의 매수는 담배꽁초 투자법에서 피셔 투자법으로 전환하는 중요한 사건이었다.

캘리포니아 제일의 제과회사인 씨즈캔디는 상당히 큰 매각 금액을 제시했다. 그러나 **버핏은 그 회사의 브랜드력과 네임밸류를 높게 평가해서 투자를 결단했다.** 그 후 씨즈캔디는 예상대로 훌륭한 성과를 올렸다.

만약 그레이엄의 이론을 고집했다면 씨즈캔디로 성공하는 일은 없었을 것이다. 이 매수에서 피셔 투자법의 유효성을 확신한 버핏은 위에서 한 말에 이어서 다음과 같이 이야기했다.

"좋은 기수는 명마에 타면 훌륭한 경기를 보여주지만 불량한 말(쓸모없는 말)에 타면 그렇지 못합니다."

즉 버크셔 해서웨이라는 불량한 말이 아니라 씨즈캔디 같은 명마에 타야 성공한다는 말이다. 씨즈캔디를 매수했을 때 워런 버핏의 나이는 42세였다. 그는 이때 훗날 거액을 얻는 데 기반이 되는 깨달음을 얻는다.

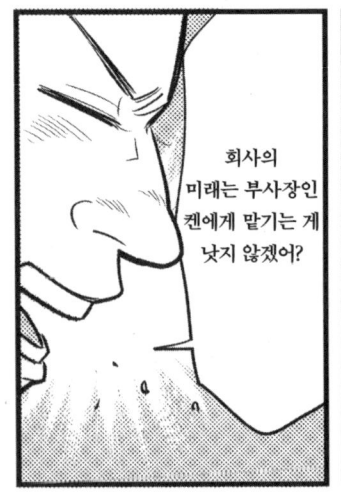

그는 잡지나 텔레비전 인터뷰에 응한 적이 거의 없었어. 그래서 이 책은 베스트셀러가 되었지.

그런 뒤에 대형 전자기기 제조회사로 성장한 모토로라가 아직 작은 라디오 제조회사였을 무렵에 주식을 사서 큰 이익을 얻은 피셔.

피셔의 투자 철학의 진수가 이 한 권에 담겨 있어.

위대한 기업에 투자하라

훌륭한 기업을 적절한 가격에 구입한다.

그것이 피셔의 투자 스타일이다.

피셔는 경영자의 자질과 기업의 자세를 평가하는 '정성분석'에 무게를 두었다.

그레이엄은 주로 수치를 바탕으로 주가를 판단하는 '정량분석'을 중시했지만

투자 판단에 주변 정보를 활용하다

사기 사건으로 세계적 기업이 파산 직전에 내몰리다

1963년, 샐러드 오일 사건이라고 불리는 사기 사건이 발생했다. 콩기름을 판매하는 기업이 실제로는 존재하지 않는 재고를 담보로 삼아 부정하게 돈을 빌린 것이다. 사실이 드러나자 그 회사는 파산하고 말았다. 융자를 해준 아메리칸 익스프레스도 15억 달러의 부채를 안게 되어 파산할 위기에 처했다. 이 사건으로 투자자들이 모두 주식을 매각하자 주가는 60달러에서 35달러까지 급락했다.

당시 아메리칸 익스프레스는 회사가 제공하는 여행자 수표*와 신용카드(아멕스)로 세계적 기업이라는 지위를 굳건히 지키고 있었다. 그런데 그 스캔들 때문에 신용이 맥없이 무너졌을까? 그 사실이 궁금해진 버핏은 **아메리칸 익스프레스 상품의 이용 현황과 평판을 알기 위해 레스토랑과 은행 등지에 가서 철저히 조사했다.**

파트너십의 역대 최고의 금액을 투자하다

조사 결과 알게 된 것은 기업의 존속을 뒤흔든 스캔들이 있었음에도 아메리칸 익스프레스의 고객이 상품의 이용을 멈추지 않았다는 사실이다. 그 배경에는 아메리칸 익스프레스의 압도적인 네임밸류가 있었다. **주가가 계속 내려가는 와중에도**

---

* 해외여행자가 여행지에서 현금을 도난당하거나 분실할 것에 대비해서 발행하는 자기앞 수표를 말한다. T/C 라고 생략하는 경우가 많다.

실적은 매우 호조를 보였고, 상품의 보급률도 높았다. 즉 이것은 일시적인 하락에 지나지 않는다고 판단한 버핏은 월가의 투자자들이 일제히 팔아치운 아메리칸 익스프레스의 주식에 파트너십의 역대 최고액인 300만 달러를 투자했다.

기업의 존속을 위해 법정에서 변호하다

자금을 투자한 뒤에도 버핏은 아메리칸 익스프레스의 경영진이 일으킨 사건에 대한 죗값은 당연히 치러야 한다고 생각했다. 이미 경영진은 이번 사건으로 도의적인 책임을 느끼고 있다고 밝혔고, 은행의 요구에도 응해서 6,000만 달러(현재 한화로 약 6,300만 원-역자)의 합의금을 내놓았다.

그런데 일부 주주들이 이에 반대하고 사장에게 소송을 걸었다. 이 사실을 안 버핏은 즉각 사장의 사무실로 향했다. 그리고 경영진을 옹호하기 위해 자비로 증언하겠다고 제안했다. 이 무렵 아메리칸 익스프레스에 투자한 금액은 총 1,300만 달러에 달해서 파트너십 운용액의 40%를 차지하고 있었다.

수개월 후 아메리칸 익스프레스를 변호하는 측으로 법정에 선 버핏은 다음과 같이 말했다.

"이번 건으로 사장을 고소하는 것은 잘못되었습니다. 오히려 그 노력을 높게 사야 합니다. 6,000만 달러를 배당금이라고 해봅시다. 그것을 만약 사고나 재해로 분실했다고 생각하면 그리 큰 금액은 아닐 것입니다."

버핏의 증언은 성공했고, 그 후 실제로 합의금이 지급되었다. 이후 회사의 신용은 서서히 회복되어 결국 49달러를 넘었다.

버핏은 그 전까지는 오직 기업의 재무면을 중시해왔으나 이를 계기로 **소문이나 평판 등 주변 정보를 활용하는 일의 중요성을 절실히 느꼈다.**

소문과 평판을 참고해 투자 여부를 판단한다

주변 정보로 기업을 평가한다

아메리칸 익스프레스의 투자에 앞서서 워런 버핏은 레스토랑과 은행 등을 조사해서 그 회사의 평판과 상품의 이용 상황을 체크했다. 여기에서 가장 높게 평가해야 할 것은 다른 투자자들이 일제히 매도를 하는 와중에도 그들의 의견을 순순히 받아들이지 않고 스스로 조사를 시작했다는 점이다.

만약 그들을 따랐다면 큰 이익을 놓쳤을 것이다. 그런 까닭에 무슨 일이 있을 때는 실제로 조사한 뒤에 투자 판단을 내리는 것이 중요하다.

조사할 때 버핏이 중시한 것은 '주변 정보'다. 주변 정보란 직접 관계는 없지만 그것을 이해하는 데 유익한 정보로, 투자에서 주가나 기업의 실적 이외에 기업을 평가하는 재료가 된다. 예를 들어 소문이나 평판을 들 수 있는데, 일반 대중의 의견만이 아니라 그 기업의 라이벌 기업, 자매 기업, 대학이나 정부, 업계 단체의 간부나 전 사원 등 출처는 다양할 수 있다. 온갖 사람에게 얻은 평가나 의견 등을 종합해서 기업을 평가하는 것이다.

만약 주가가 크게 내려갔다고 해도 세간의 평가는 바뀌지 않았고, 투자자들만 약세를 보인다면 투자하거나 계속 보유하는 것을 망설일 필요는 없다. 그 뒤로 기업이 이때까지 해온 대로 실적을 올린다면 주가도 점차 회복될 것이다. 즉 투자자들의 의견보다도 세간의 소문이나 평판이 더 도움되기도 한다.

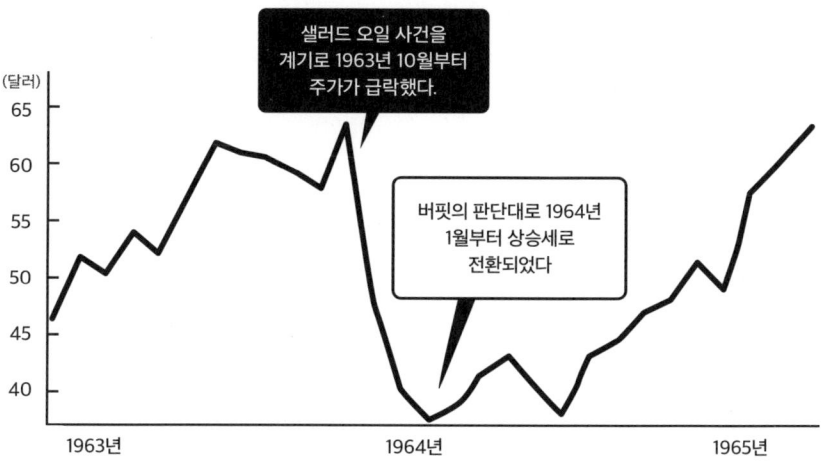

투자자의 의견에는 신중하게 접근한다

그렇지만 워런 버핏처럼 모든 일에 레스토랑이나 은행을 직접 방문할 필요는 없다. 게다가 대학이나 정부와 관련된 장소에 일반인이 들어갈 기회는 드물다. 그래서 성공한 투자자의 상당수가 하고 있듯이 텔레비전이나 인터넷 등의 친숙한 도구를 활용해서 고객이나 업계 관계자 등 세상 사람들의 의견을 접하는 것이 좋다.

현대는 버핏이 투자했던 당시보다 미디어가 발달해서 손쉽게 세상의 평가나 고객의 평판을 알 수 있다. 일례로 웹사이트 상의 입소문이 있다. 아마존과 같은 전자상거래(EC) 사이트*에서 상품의 리뷰를 보거나 트위터나 인스타그램 등의 SNS에 올라온 게시물을 보는 것이다. 이것을 통해 **과거 수익이나 차트는 알 수 없지만 기업의 가치, 즉 사업 내용에 대한 평가나 경영자의 평판, 기업의 브랜드력이나 네임밸류가 보인다.** 버핏 역시 누구나 간단히 확인할 수 있는 신문 등 매스컴이 제공하는 정보를 토대로 투자 판단을 하고 있다.

그런 세상의 평판을 확인한 후에 다른 투자자의 의견을 참고하는 것도 도움

---

* 기업이 자사의 상품이나 서비스를 판매하는 웹사이트를 말한다. EC는 Electronic Commerce의 약칭.

이 된다. 예를 들어 개인 투자자* 중에 블로그를 하는 사람이 많은데, 그 안에서 어떤 기업에 대해 정리해놓은 정보를 볼 수도 있고, 본인과 다른 관점으로 판단한 매매 정보도 볼 수 있다. 그런 정보를 참고하면 자신의 판단을 수정하거나 투자할 마음이 생기기도 한다.

또 많은 블로그를 돌아다니는 동안 자신이 그때까지 눈여겨보지 않았던 주식 정보를 얻을 수도 있다.

다만 인터넷 게시판은 블로그보다 많은 사람의 의견이 게재되어 있어 얼핏 보기에 좋아 보여도 익명이기 때문에 거짓이 많고, 정보에 신빙성이 없다. 따라서 다른 투자자가 제공하는 수상한 정보에 휘둘리지 않아야 한다.

다양한 관점의 의견을 얻으면 참고할 만한 점이 많을 수도 있다. 그러나 그런 정보를 곧이곧대로 받아들였다가 실패하면 어느 누구도 책임져 주지 않는다. 최종적인 판단은 어디까지나 스스로 하자.

피셔도 활용한 주변 정보

이렇게 소문과 평판을 이용하는 방법은 투자자 필립 피셔(104쪽 참조)가 주변 정보라 부르며 활용한 것이다. 그는 투자처인 기업의 고객이나 거래처, 경쟁사 등을 실제로 돌며 그곳에서 얻은 소문이나 평판을 토대로 투자 판단을 내렸다.

워런 버핏의 은사 그레이엄은 재무제표 등 기업의 숫자에는 주목하지만, 경영자의 평판이나 브랜드력, 네임밸류의 중요성은 강조하지 않는다. 그레이엄의 가르침에 따랐다면 버핏의 이번 결단은 있을 수 없는 일이었다. 이런 점에 대해 버핏은 훗날 다음과 같이 말했다.

"그레이엄 씨는 결산서의 숫자밖에 보지 않았지만, 저는 장부에는 기재되어 있지 않은 자산과 눈에 보이지 않는 자산에 주목하고 있습니다."

---

* 보험회사나 금융기관 등 고객이 맡긴 자금을 운용하는 기관투자자와 반대로 개인이 투자하는 사람을 말한다.

주변정보 활용법을 이용한 투자 예시

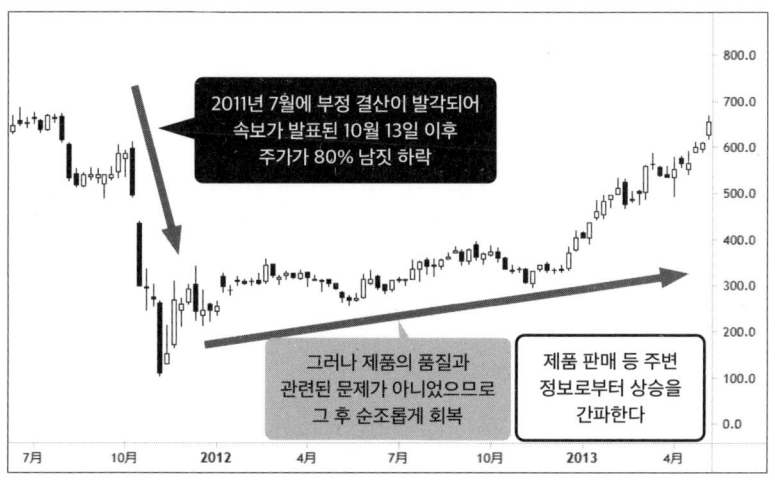

〈올림푸스(7733) 주봉차트 2011년 7월~2013년 5월〉

※ 이미지는 2019년 주식 분할 후의 주가에 맞춘 것

아메리칸 익스프레스가 그전까지 쌓아 온 신용을 자산으로 간주한다면, 소문이나 평판을 통해 재확인한 그 회사의 신용은 틀림없이 눈에 보이지 않는 자산이다. 실적이나 부채뿐만 아니라 이런 부분에도 주의를 기울여 큰 성공을 손에 넣은 것이다.

> **POINT**
> · 다른 투자자의 의견을 곧이곧대로 받아들이지 말고 스스로 조사해서 판단하는 것이 중요하다
> · 상품이나 서비스의 소문이나 평판으로 기업을 평가하는 것도 중요하다

주요 장면 ②   **장년기**

성장성에 투자하는 성장주 투자

그레이엄의 이론에 한계를 느끼다

1965년, 워런 버핏은 버크셔 해서웨이의 경영권을 취득하고, 본격적으로 회사의 재건에 착수했다. 그러나 그전까지 무기로 삼았던 그레이엄의 담배꽁초 투자법으로는 생각했던 것만큼 이익을 얻기 어려웠다. 저가주를 사더라도 애초에 실적이 나쁘면 주가가 올라가지 않기 때문이다. 그런 고민을 하던 중 친구의 소개로 피셔 투자법을 만났다. 그 투자법에는 그레이엄 방식의 약점을 보완할 가능성이 엿보였다.

그 투자법을 만든 것은 투자자 필립 피셔이며, 나중에 버핏이 "내 투자법의 85%는 그레이엄으로부터, 15%는 피셔로부터 만들어졌습니다."라고 말할 정도로 큰 영향을 준 인물이다.

투자자 필립 피셔

피셔는 1907년, 캘리포니아주 샌프란시스코에서 태어났다. 당시 막 신설된 스탠퍼드대학교에서 공부했지만 1년 만에 중퇴하고, 앵글로 런던Anglo London 은행에 입사했다. 3년 동안 증권 애널리스트로 일한 후, 서부 해안에 투자 회사를 설립하면 수익을 올릴 것이라고 생각해 피셔 컴퍼니를 설립했다. 이후 69년 동안 큰 투자 이익을 올렸다. 그가 1958년에 집필한 저서 《위대한 기업에 투자하라Common stocks and Uncommon profit》는 그의 투자 철학이 전부 담긴 서적으로 일약 베스트셀러가 되었다.

피셔는 기업의 성장성에 투자하는 성장주 투자를 한 것으로 알려져 있다. 그레이엄이 과거의 주가나 실적의 추이 등 숫자로 평가하는 '정량분석'을 중시한 데에 비해 **피셔는 사업 내용과 경영자의 자질 등 숫자에 드러나지 않는 부분으로 평가하는 '정성분석'을 중시했다.** 정성분석으로는 안정적인 실적 외에 더 큰 매출 확대를 위한 연구 개발 노력, 영업 부분의 내실, 우수한 노사관계 등도 평가의 대상이 된다.

실제 투자 사례로는 1955년 모토로라가 유명하다. 당시 모토로라는 작은 라디오 제조 회사였는데, 1958년에 아폴로 11호와 NASA의 우주 탐사기에 사용되는 무선기기를 제조하면서 알려지기 시작해 현재는 전자기기를 제조하고 판매하는 대기업으로 성장했다. 피셔는 모토로라의 성장성에 투자해서 막대한 이익을 얻었으며 이 주식은 평생 팔지 않았다.

피셔 투자법에 깊은 감명을 받은 버핏은 이후 버크셔를 운영하는 데에 이 방법을 활용한다.

파트너 찰리 멍거

한편 **워런 버핏보다 빨리 피셔 투자법을 만나 성장주 투자를 한 인물이 찰리 멍거다.** 버핏이 28세일 때 만난 멍거는 버핏보다 여섯 살 연상으로 같은 오마하 출신 변호사다. 투자에도 매우 능숙해서 1962년부터 10년 이상 파트너십을 운영해 높은 수익을 얻었다.

1966년 그는 버핏과 함께 지주회사 DRC*를 설립했고, 1979년에는 버크셔 해서웨이의 부회장에 취임했다. 버핏과 평생을 함께한 비즈니스 파트너이다.

---

* 디버시파이드 리테일링 컴퍼니(Diversified Retailing Company)를 말한다. 매수를 통해 소매 분야에서 다각 경영을 했다.

15가지 질문으로 기업의 성장성을 평가한다

15가지 질문으로 기업을 가려낸다

기업의 성장성에 주목한 피셔는 사업 내용이나 경영자의 자질 등으로 기업을 판단하는 정성분석을 중시했다.

버크셔 해서웨이를 매수한 후 버핏은 그레이엄의 담배꽁초 투자법에 피셔 투자법을 응용한 형태로 활용하고 있다.

피셔는 투자 대상을 고를 때 다음과 같은 15개의 질문을 활용했다. 이 질문은 대략적으로 지속적인 매출 확대 능력을 보는 포인트, 이익을 창출하는 능력을 보는 포인트, 경영자의 자질을 보는 포인트의 3가지로 분류할 수 있다.

지속적인 매출 확대 능력을 본다

먼저 지속적인 매출 확대 능력을 보는 포인트다. 여기에는 6가지가 있다.
① 앞으로 몇 년 동안 수익 증가가 기대되는 제품이나 서비스가 있는가?
② 추가적으로 수익 증가를 기대할 수 있는 신제품이나 새로운 서비스가 전망되는가?

현시점에서 일정한 매출을 달성했다고 해서 그것이 앞으로도 지속된다고 단정할 수 없다. **현재 수익의 대부분을 담당하는 제품이나 서비스가 향후 몇 년 동안 매출 확대가 전망되는지,** 혹은 현재 제품이나 서비스가 팔리지 않게 되었을 때 추가적으로 수익 증가를 기대할 수 있는 신제품이나 새로운 서비스가 전망되는지 확인하자.

피셔의 15가지 질문

지속적인 매출 확대 능력을 보는 포인트	① 현재 제품 및 서비스에서 수익 증가가 기대되는가? ② 새로운 제품 및 서비스에서 수익 증가가 기대되는가? ③ 연구 개발을 하고 있는가? ④ 독자적인 노하우가 있는가? ⑤ 우수한 영업 능력이 있는가? ⑥ 장기적으로 전망이 있는가?
이익을 창출하는 능력을 보는 포인트	⑦ 매출액 영업이익률은 충분한가? ⑧ 영업이익률을 유지하고 개선하고 있는가? ⑨ 적절한 비용 분석과 재무 분석을 하고 있는가?
경영자의 자질을 보는 포인트	⑩ 노사관계가 양호한가? ⑪ 관리직의 능력을 끌어내고 있는가? ⑫ 우수한 관리직이 풍부한가? ⑬ 경영자가 나쁜 소식도 알리고 있는가? ⑭ 경영자가 투자자에게 성실한 모습을 보이는가? ⑮ 증자의 리스크는 없는가?

③ 연구 개발에 노력을 하고 있는가?

④ 독자적인 노하우*나 기술이 있는가?

이 두 가지는 기업의 장점에 관한 질문이다. 매출 확대를 노리는 앞으로의 신상품이나 서비스를 창출하려면 독자적인 노하우나 기술을 갖고 연구 개발을 열심히 할 필요가 있다. 그것이 경쟁사와 비교해서 뛰어난지 확인하자.

⑤ 영업 능력이 우수한가?

좋은 상품이 있어도 우수한 영업 능력이 없으면 매출 확대로 이어지지 않는다. 판매망이나 광고의 노하우, 서비스 체제를 포함해서 영업력이 뛰어난지 확인하자. 가령 상품이나 서비스를 소개하는 텔레비전이나 잡지 광고를 경쟁사보다 열심히 하고 있는지 보고 판단하는 것도 한 가지 방법이다.

⑥ 장기적 전망을 토대로 기업을 운영하고 있는가?

경영자가 장기적인 전망을 갖고 있으면 그 기업은 오랜 기간에 걸쳐 계속 이익을 올리기 위한 사업을 전개해간다. 눈앞의 이익만 보고 있지 않은지 기업의 모든 움직임을 통해 판단하자.

---

* 영어로는 Know How로 표기하며, 매사의 수순과 방법에 관한 지식을 말한다.

이익을 창출하는 능력을 본다

다음 3가지는 이익을 창출하는 능력을 보는 포인트를 정리한 질문이다.

⑦ 충분한 영업이익률이 있는가?
⑧ 매출 영업이익률을 유지하고 개선하기 위해 충분한 노력을 하고 있는가?
⑨ 적절한 비용 분석과 재무 분석을 하고 있는가?

영업이익률은 손익계산서를 읽는 방법(68쪽 참조)에서도 설명했지만, 매출액 중 어느 정도가 영업 이익으로 남는지를 의미하는 지표다.

일반적으로는 10% 이상이라면 수익성이 높다고 판단할 수 있다. 영업이익률을 유지하거나 개선하기 위해 비용 분석이나 재무 분석을 하는지 확인하자.

한편 이익률을 올리기 위해 안이한 경영을 하는 기업은 피해야 한다. 가령 제품이나 서비스의 가격 인상이 갑자기 발표되는 경우처럼 좋지 않은 모습이 보인다면 신중히 판단하자.

경영자의 자질을 본다

마지막으로 경영자의 자질을 보는 6가지 포인트를 살펴보자.

⑩ 양호한 노사관계를 쌓고 있는가?
⑪ 관리직의 능력을 제대로 끌어내고 있는가?
⑫ 우수한 관리직이 풍부한가?

이 3가지는 노동자와 경영자와 관계성에 대한 질문이다. **기업의 장기적인 성장에는 노동자와 경영자의 양호한 관계가 필요하다.** 구체적으로 연수 제도나 커리어업 제도, 복리후생이 갖추어져 있는지 확인하자. 주의할 점은 경영자가 혈연으로 구성되어 있지 않은지, 외부에서 스카우트했는지를 보는 것이다. 전자는 원맨 경영에 빠지기 쉽고, 후자는 사내에서 우수한 인재가 길러지지 않을 가능성이 있다.

⑬ 경영자가 안 좋은 소식도 알리고 있는가?

은폐하려는 성향이 있는 기업은 피해야 한다. 안심하고 경영을 맡기기 위해서라도 좋은 소식과 나쁜 소식을 모두 알릴 수 있는 경영자인지 확인하자.

⑭ 투자자를 우대하는가?

자신이나 기업의 이익을 우선하는 것은 문제가 아니다. 무엇보다 주주에게 보답

> 경영 현황을 알기 편리한 웹사이트

출처: 도요타 자동차

연차보고서
- 경영자의 인품을 알 수 있다
- 기업의 최신 소식과 앞으로의 방침을 알 수 있다
⇨ 질문②⑥⑦⑧⑨⑬

출처: 야후 뉴스

기업 홈페이지
- 기업의 사업 내용을 알 수 있다
- 사내 제도 등 기업 내부를 알 수 있다
⇨ 질문①⑤⑩⑪⑭

출처: 도요타 자동차 <연차보고서2019>

뉴스 사이트
- 기업의 이면을 알 수 있다
- 기업의 객관적인 평가를 알 수 있다
⇨ 질문③④⑫⑮

하려고 하는 경영자인지 확인하자.

⑮ 증자*의 리스크는 없는가?

증자를 하면 주식 총수가 증가해서 주당순이익이 감소하므로 주가가 하락하는 원인이 된다. 성장성이 높은 벤처기업**이라면 문제가 없지만, 자기자본 비율이 낮을수록 증자 리스크가 상승하므로 주의하자.

이상 15가지 질문의 개요를 살펴보았다. **종목을 고를 때는 이 질문을 순서대로 확인해가면서 맞지 않는 기업은 투자 대상에서 제외해가자.**

> **POINT**
> - 안정된 매출이 있고, 연구개발 노력을 게을리하지 않는다.
> - 이익률을 유지하고 개선하고 있으며, 우수한 경영자와 노동환경이 있다.

---

* 기업이 자금 조달을 위해 신규 주식을 발행해서 투자자들에게 출자를 받는 일.

** 독자적인 기술과 아이디어를 바탕으로 새로운 서비스나 비즈니스를 전개하는 기업

주요 장면 ③   장년기

워런 버핏이 내세우는 기업에 관한 지표

피셔 투자법을 실천하다

1972년 버핏은 버크셔 산하 기업 블루칩의 대표이사 빌 램지에게 로스앤젤레스의 기업 씨즈캔디가 매물로 나왔다는 소식을 들었다.

씨즈캔디는 캐나다에서 이주해온 찰스 씨Charles See와 그의 아내 플로렌스Florence MacLean Wilson See, 찰스의 어머니 마리Mary Wiseman See까지 세 명이 1921년에 창업한 제과회사로 초콜릿, 견과류, 디저트 등을 제조 판매하는 회사다. 마리가 고안한 레시피로 만든 과자는 **'타협할 수 없는 품질'이라는 '씨즈 품질'**을 내세우며 캘리포니아에서 큰 인기를 끌었다.

기업의 성장성을 고려하다

이야기를 듣고 버핏은 당시 블루칩의 운용책임자였던 멍거에게 상담했다. 멍거도 캘리포니아에서 손꼽히는 우량기업의 매수에 열의를 보이면서 본격적인 검토에 들어갔다.

씨즈는 곧 교섭 자리에 나왔지만, 500만 달러에 상당하는 자산에 대해 3,000만 달러(현재 한화로 약 2,000억 원-역자)라는 가격을 강하게 주장했다. **버핏은 검토 끝에 씨즈캔디를 2,500만 달러의 가치가 있는 채권이라고 평가했다.** 만약 그 가격으로 산다면 씨즈캔디가 가져다줄 이익에 대해 매년 버크셔에 지급되는

이자는 평균 연간 9%의 이율이다. 실제 씨즈캔디의 이익은 계속 늘어나고 있었으므로 앞으로의 성장을 기대한다면 그것은 이자가 점점 불어나는 채권* 같은 것이었다.

브랜드나 네임밸류도 중시

워런 버핏은 가격 결정력에도 주목했다. 씨즈캔디는 주로 자사의 점포에서 제품을 판매하고 있어서 상품 가격에 강한 결정권을 가지고 있었다. 실제로 다소 상품 가격을 올린다고 해도 씨즈캔디 정도의 브랜드력이나 네임밸류라면 높은 수요는 변하지 않는다. 잘되면 9%의 수익이 14%로 늘어날 터였다.

그러나 정작 이자가 계속 늘어난다는 보증은 없었다. 특히 그 전까지 그레이엄의 투자법을 따라 안전성을 중시하고, 적당한 기업을 저렴하게 사는 경향이었던 버핏에게 상대가 좋은 가격으로 사는 일은 망설일 수밖에 없었다. 그렇지만 씨즈캔디는 두말할 것 없이 훌륭한 기업이었다. **사업 내용도 단순명쾌하고 실적도 안정되어 있으며 앞으로의 성장도 기대되었다.**

최종적으로 버핏이 준비했던 2,500만 달러로 결정되어, 1972년에 블루칩을 통해 씨즈캔디를 매수했다. 당시 초콜릿 판매량은 약 7,711톤이었지만, 1984년에는 1만 1,340톤이 되어 50% 가까이 증가했다. 오늘날의 씨즈캔디는 약 3억 8,000만 달러의 연간 매출을 계상(2020년 기준)했다. 이렇게 피셔 방식의 투자는 대성공으로 막이 내렸다.

이 경험에 근거해서 기업을 판단하는 기준으로 버핏이 내세운 것이 기업에 관한 지표(112쪽 참조)다. 씨즈캔디의 매수로 성공을 거둔 버핏은 이후에도 이 지침을 바탕으로 적극적인 투자를 했다.

---

* 국가나 기업이 돈을 빌리는 목적으로 발행하는 유가증권을 말한다. 구입하면 보유 기간에 따라 이익을 얻을 수 있다.

투자 전략 ③ 　　　　　　　　　　　　　　　　　　　　　　**버핏의 투자법 해설**

기업에 관한 지표로 투자 대상을 좁힌다

위대한 투자자의 방식을 근거로 한 투자 규칙

버핏은 씨즈캔디를 매수하면서 피셔의 투자법을 활용했고, 커다란 투자 성과를 얻었다. 이 경험을 통해 안전성을 중시하는 그레이엄의 투자법을 토대로 하면서도 피셔처럼 기업의 내실을 중시하는 다음과 같은 독자적인 지표를 내세웠다.

① 사업 내용이 단순명쾌할 것
② 안정된 실적을 보여줄 것
③ 앞으로 성장을 기대할 수 있을 것

버핏의 기업에 관한 지표

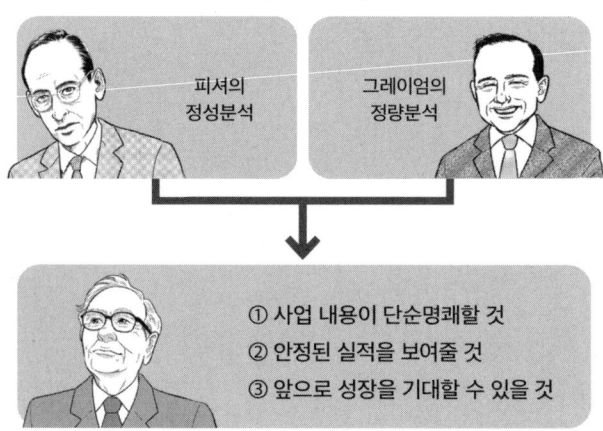

버핏은 그레이엄의 투자법을 토대로 피셔의 투자법을 받아들여 독자적인 지표를 세웠다.

피셔의 정성분석　　그레이엄의 정량분석

① 사업 내용이 단순명쾌할 것
② 안정된 실적을 보여줄 것
③ 앞으로 성장을 기대할 수 있을 것

이런 기업에 투자해야 한다는 것이 워런 버핏의 생각이다.

자신이 알지 못하는 기업이나 분야는 피한다

첫째, 사업 내용이 단순명쾌할 것.

자신이 잘 알고 있는 기업에만 집중 투자해야 한다는 피셔의 사고방식에 따라 버핏이 주장한 것이 '능력 범위Circle of Competence'다.

이것은 사업을 이해할 수 있는 안전지대의 기업에만 투자하고, 어떤 사업인지 이해하지 못하거나 혹은 이해하고 있다고 착각하는 위험지대의 기업에는 투자하지 않는 방식이다.

버핏은 1968년부터 40년 이상 그리넬 대학의 이사를 역임했는데, 어느 날 한 반도체 기업의 설립과 관련해서 투자 승인을 요구받은 적이 있다. 승인은 했지만, 개인적으로는 투자를 권유받아도 결코 응하지 않았다. 이해하지 못하는 것에는 투자하지 않는다는 신념이 있었기 때문이다. **씨즈캔디의 성공은 그전부터 관심이 있었던 제과회사였기 때문에 가능했다.**

최근에는 '지속가능한sustainable 사회'의 실현이 전 세계적으로 화제가 되고

능력 범위

능력 범위
사업 내용을 이해하지 못하는 기업에는 투자하지 않고, 사업 내용을 이해할 수 있는 기업에만 투자하는 사고방식.

안전지대
자신이 잘 알고 있는 기업은 사업 내용과 수익성을 적절히 평가할 수 있으므로 실패할 확률이 낮다.

위험지대
잘 이해하지 못하는 기업에 투자하면 적절한 평가를 할 수 없으므로 실패할 확률이 높다.

- 사업 내용을 이해할 수 있는 기업
- 사업 내용을 이해할 수 없는 기업

있고, 이를 위한 노력도 늘어나고 있다. 또 차세대 통신 기술 5G가 주목을 받고 있고, 신종 코로나바이러스 감염증(코로나19)의 영향으로 새로운 생활양식이 수립되면서 그에 맞는 제품과 서비스도 속속 등장하고 있다. 이런 테마주*에는 자연히 사람들의 관심이 쏠리므로 주변 분위기에 휩쓸려 안이하게 투자 판단을 내리는 경향이 있다.

그러나 투자는 기업의 사업 내용이나 수익원을 얼마나 이해하고 있는지에 따라 결과가 정해진다. 더구나 '왠지 모르게 성공할 것 같다.'라는 이유만으로 투자하는 사람도 있는데, 그러면 가격이 꼭대기에 올랐을 때 매수할 가능성이 있다. 자신이 모르는 분야나 업계는 먼저 조사해보고, 이해하지 못하면 투자 대상에서 제외하는 것이 현명하다.

참고로 워런 버핏은 오랫동안 IT 분야에 손을 대지 않았지만, 최근에는 방향을 전환해서 2011년에는 인텔Intel과 IBM**에, 2016년에는 애플Apple에 투자했다.

안정성이 있으면 문제에도 강하다

둘째, 안정된 실적을 보여줄 것.

최근 몇 년 사이에 수익을 많이 올렸다고 해도 그 전까지 연속으로 적자였던 기업은 일시적으로 성공했을 뿐 다시 수익이 내려가거나 적자를 낼 가능성이 있다.

그보다 장기적으로 수익이 크게 흔들리지 않고, 같은 제품이나 서비스를 제공해서 좋은 실적을 올리는 기업이 안정성이 높다. 그런 점에서 역사가 깊은 기업이라면 지금까지 시대의 변화에 대응해온 전례가 있으므로 앞으로 일어날 문제에도 마찬가지로 대처할 수 있다는 강점이 있다.

그렇다고 벤처기업의 가능성을 부정하는 것은 아니다. 실제로 오랫동안 벤처기업에 투자하지 않았던 버핏이 2020년에 데이터 서비스 회사 스노우플레이크Snowflake에 7,000만 달러(현재 한화로 약 700억 원-역자)를 투자했다. 안정성을 봤을 때의 불안함보다 성장성을 봤을 때의 기대가 더 컸기 때문이다. 역사가 짧고 안정

---

* 현재 화제가 되는 분야에 관련된 종목. 주목받는 기술이나 직면한 사회문제 등 테마는 다양한 분야로 나뉜다.
** 미국의 컴퓨터 제조회사. 1911년에 설립된 CTR이 전신이다. 세계 시장에서 2분의 1의 점유율을 차지하고 있다.

성을 평가하기 어려운 신흥 기업일 경우에는 성장성과의 균형으로 판단해야 한다.

앞으로 계속 성장하는 것이 중요하다

셋째, 앞으로 성장을 기대할 수 있을 것.

가격이 저렴하거나 지금까지 실적이 안정되어 있다고 해도 앞으로 성장성이 전망되지 않는다면 장기 투자에 알맞지 않다. 그런 점에서 씨즈캔디는 압도적인 브랜드력과 네임밸류에 더해서 강한 가격 결정권도 가지고 있었으므로 상품의 가격 인상에 따른 수익의 증대를 전망할 수 있었다. 즉 성장성도 기대할 수 있었다는 뜻이다.

또한 **항상 수요가 있고, 대체품이 없는 상품이나 서비스를 제공하는 기업은 전망도 밝다.** 버핏은 1988년에 코카콜라의 주식을 샀다. 그것은 자기 자신이 코카콜라를 즐겨 마셨을 뿐만 아니라 코카콜라의 압도적인 점유율과 브랜드력이라면 10년 후에도 20년 후에도 사람들이 변함없이 계속 마실 것이라고 판단했기 때문이다.

이렇게 오랜 세월 사람들에게 사랑받고, 앞으로도 사랑받으리라 생각되는 기업에 투자하는 일 역시 지속적인 매출 확대 능력과 이익을 창출하는 능력이라는

실적의 안정성

실적이 안정된 기업

버핏은 과거 몇 년 동안 적자가 없고 실적이 안정적인 기업은 나중에 생길 문제에도 강하다고 평가한다.

실적이 불안정한 기업

최근 실적이 뛰어나더라도 지금까지 적자였던 기업은 다시 적자가 될 확률이 높으므로 피한다.

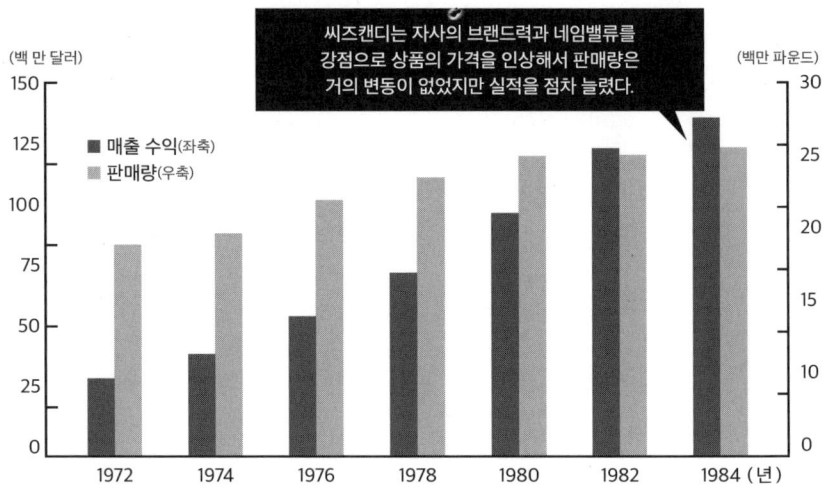

점에서 피셔 투자법에 부합한다.

이런 이야기는 추상적이라서 조금 알기 어려울지도 모른다. 안정성이나 성장성이라는 관점도 염두에 두고 실제로 기업을 평가하는 경우에는 앞서 소개한 재무제표를 읽는 법(68쪽 참조)과 피셔 투자법(106쪽 참조)을 함께 참고하면 좋다.

> **POINT**
> · 자신이 이해할 수 있는 사업에 투자한다.
> · 안정된 기업은 문제에 강하다.
> · 브랜드력과 네임밸류가 있는 기업은 강하다.

PART 4

WARREN BUFFETT

버크셔 해서웨이 경영과 기업 평가 기준

> **버핏의 말**　　　　　　　　　　　　　　**[전성기] 1973-1991**
>
> "신용은 세우는 데 20년 걸리지만, 무너지는 데는
> 5분도 걸리지 않는다."
>
> — 1990년 무렵 아들과 딸에게 한 이야기

이익보다 신용을 제일로 생각하다

명성이나 신용이 얼마나 약한지에 대해 워런 버핏은 항상 아들과 딸에게 위와 같이 말했다. 이 말에는 원작이 있다. 버핏의 고향 오마하에서 많은 재산을 축적한 벽돌쌓기 전문가 피터 키위트Peter Kiewit의 "신용은 섬세한 도자기 같다. 살 때는 비싸지만 쉽게 깨진다."라는 말이다.

그가 설립한 피터 키위트 프라자를 보고 버핏은 "미국에서 제일 수익성 높은 건설 회사."라고 했다. 키위트는 문제를 논리적으로 판단해야 할 때 항상 '내일 조간에 보도되어도 괜찮은가?'를 기준으로 생각할 정도로 세상이 받아들이는 방식에 주의를 기울였다. 그런 키위트의 사고방식에 영향을 받아 버핏도 명성이나 신용에 대해서는 신중한 자세로 일관했다.

명성이나 신용은 오랫동안 쌓아올려도 하나만 어긋나면 무너진다. 이는 개인만이 아니라 기업 경영도 마찬가지다. **결국 기업이 제일로 생각해야 할 것은 이익을 올리는 일이 아니라 고객과의 약속을 지키고 자사의 신용을 떨어뜨리지 않는 일이다.** 1991년에 일어난 살로몬 브라더스Salomon Brothers*의 부정 거래 사건을 통해 버핏도 신용의 중요성을 몸소 깨달았다.

---

* 미국의 거대 투자은행 및 증권회사. 1997년 트래블러스 그룹에 매수되어 스미스 버니와 합병.

인생 최대의 난관에 휘말리다

당시 명문 투자은행인 살로몬이 국채의 입찰 시에 부정을 저질렀다는 사실이 발각되었다. 그것을 알면서 숨긴 존 굿프렌드John Gutfreund 회장은 해고되었고, 살로몬은 정부로부터 국채 구입이 금지되는 등 위기 상황에 빠졌다.

살로몬의 파산이 월가에 미칠 영향을 걱정한 버핏은 살로몬의 임시 CEO에 취임해서 본격적인 해결에 나섰다. 이때 버핏은 이미 60세였다. 당시 재무장관 니콜라스 브래디Nicholas Brady에게 호소해서 간신히 거래 정지 명령을 해제했고, 기자 회견에서는 철저히 정보를 알리는 데에 노력했으며, 법적인 문제에도 적극적으로 나섰다. 버핏이 기업의 본질 개선과 신뢰 회복에 힘쓴 보람으로 사건이 발생한 이듬해 드디어 사태는 수습되었다.

만약 실패했다면 워런 버핏의 신용도 땅으로 떨어졌을 것이다. 그러나 많은 비판을 받으면서도 진두에 선 버핏은 궁지에 몰린 살로몬을 구해내면서 더욱 두터운 신용과 명성을 쌓았다.

살로몬 정도의 대기업이 눈 깜박할 사이에 신용을 잃은 이 사건을 통해 버핏은 신용이라는 것이 얼마나 무너지기 쉬운지 통감했다. 어느 기자 회견에서 표명한 **"잠깐의 실수라면 동정의 여지가 있지만, 회사의 명예를 실추시켰다면 용서는 없습니다."**라는 생각은 현재 버크셔를 운영하면서 산하의 기업에 전해지는 뜻이기도 하다. 그래서인지 버핏의 곁에서 일하는 경영자들은 모두 윤리관이 높고 성실한 사람만 있다고 한다.

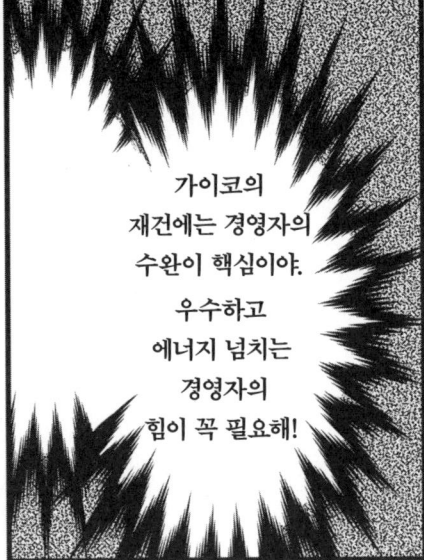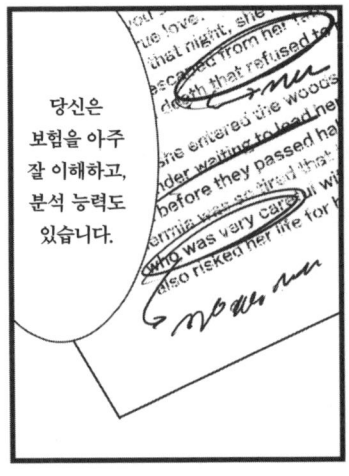

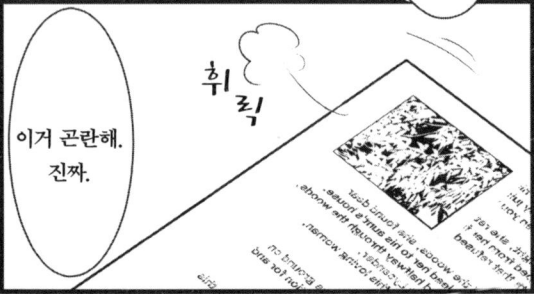

1985년

400명 가까운 직원들은 고용이 지속되기를 희망하고 있지만…

정리해고 이외에 길은 없어.

* 많은 사업에 손을 대는 기업

앞으로 버크셔 해서웨이는 다시 태어날 거야.

투자 한 가지로 범위를 좁혀서 비즈니스를 재도전하겠어.

이때의 원통함을 풀어야 했기에 버크셔 해서웨이는 고군분투해서

이후 컨글로머릿*으로 실적을 늘려갔다.

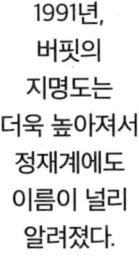

주요 장면 ① 전성기

경영판단으로 유능함을 간파하다

워싱턴 포스트 주식을 사다

1973년 제1차 석유 파동은 베트남 전쟁 패배의 여파가 가시기도 전에 미국 경제에 커다란 영향을 끼쳤다. 이에 따라 다우 평균주가도 대폭 하락했다. 가장 가까운 고점에서 무려 45%나 하락했고 1982년까지 상승으로 전환되지 않았다. **그러나 시장 전체가 약세가 되는 와중에도 버핏은 지금이 기회라는 듯이 투자했다.** 그 투자 대상 중 하나가 일찍이 신문 배달 아르바이트를 했던 워싱턴 포스트였다.

당시 워싱턴 포스트의 주가는 38달러에서 16달러까지 떨어져 있었다. 이것은 1972년 6월에 발각된 워터게이트 사건*이 원인이었다. 이 사건으로 당시 대통령이었던 리처드 닉슨Richard Nixon이 사임했다. 워싱턴 포스트의 젊은 기자 2명이 이 사건에 대한 추적을 멈추지 않았던 것이다. 그 결과 워싱턴 포스트는 정부의 압력을 받았고, 주주들은 리스크 회피를 위해 주식을 매각했다. 결과적으로 워싱턴 포스트의 시가총액이 약 8,000만 달러인데, 자산은 약 4억 달러가 넘는 이상하리만치 저렴한 가격이 되었다. 그래서 버핏은 1973년부터 워싱턴 포스트의 주식을 사기 시작했다.

---

* 워싱턴DC의 민주당 본부에서 일어난 도청 사건을 발단으로, 대통령의 사임까지 이른 일련의 정치 스캔들.

실제 경영은 신뢰할 수 있는 경영자에게

이윽고 워싱턴 포스트의 주식 보유 비율은 10%에 달해서 누계 약 1,000만 달러(현재 한화로 약 630억 원-역자)나 투자했다. 한편 버핏이 산 것은 주주총회에서 의제의 가부를 선택할 수 없는 무의결권주식이었지만, 만일을 위해 매수가 목적이 아니라는 뜻을 전하기 위해 워싱턴 포스트의 여성 경영자 캐서린 그레이엄Katharine Graham에게 편지를 보냈다.

"귀사의 주식을 구매했지만 걱정하실 필요 없습니다. 소유와 경영은 그레이엄 가문에 맡기겠습니다."

편지에는 연일 시끄러운 소란에 대한 칭찬의 말도 덧붙여져 있었다.

캐서린은 편지를 읽고 기분이 나쁘지 않았지만, 회사를 빼앗길 수도 있다는 불안은 씻을 수 없었다. 당시 그녀는 죽은 남편을 대신해 워싱턴 포스트의 실질적인 지배권을 쥐고 있었는데, 남성 중심 사회에서 경영을 지속해 나갈 자신감을 잃어가고 있었다. 그러나 **주주가 경영에 앞장서서 정보 공시에 애를 쓰는 등 경영에 관한 3지침**(136쪽 참조)**에 들어맞는 유능한 경영자**였으므로 버핏은 그녀를 높게 평가했다.

사외이사로 경영에 조언하다

캐서린은 기회를 봐서 워런 버핏과 만날 약속을 잡았다. 처음에 그녀는 버핏을 두려워했지만 만남이 거듭될수록 마음을 터놓게 되었다. 마침내 경영 상담까지 하게 되었고, **1974년 버핏은 사외이사 자리를 맡게 된다.**

그 해 워싱턴 포스트의 주가는 12달러까지 떨어졌지만, 버핏은 개의치 않았다. 이전부터 미디어 계통의 기업을 보유하고 싶었고, 무엇보다 캐서린의 경영을 믿었기 때문에 실패할 가능성은 머릿속에 없었다.

그의 생각대로 1985년에 약 1,000만 달러였던 초기 투자가 약 2억 달러까지 불어났다. 2011년에 그는 이사직에서 은퇴했지만, 지금도 워싱턴 포스트의 주식을 팔지 않고 보유하고 있다.

투자 전략 ①　　　　　　　　　　　　　　　　**버핏의 투자법 해설**

경영자에 주목해서 기업을 평가한다

버핏의 3가지 지침으로 경영을 판단한다

워런 버핏은 워싱턴 포스트의 당시 경영자인 캐서린 그레이엄에게 절대적인 신뢰를 보냈는데, 그는 경영자를 평가할 때 다음의 3가지 지침을 중시한다.
① 합리적인 자본 배분을 한다
② 주주에게 성실한 모습을 보인다
③ 독자적인 경영 방침이 있다

　이 3가지 지침은 전부 경영자가 지켜야 할 사항이다. 투자자의 시점에서는 이

버핏의 경영에 관한 3가지 지침

1. 합리적인 자본 배분을 한다
이익이 났을 때 배당금이나 자사주 구입으로 경영 상황에 맞게 정확한 배분을 할 수 있다

2. 적극적으로 정보를 공시한다
좋은 소식뿐만 아니라 안 좋은 소식도 있는 그대로 알린다

3. 타사의 경영 방침을 따라 하지 않는다
다른 회사의 방식을 따라 하거나 기존에 있는 방식에 얽매이지 않고 독자적인 방침을 취한다

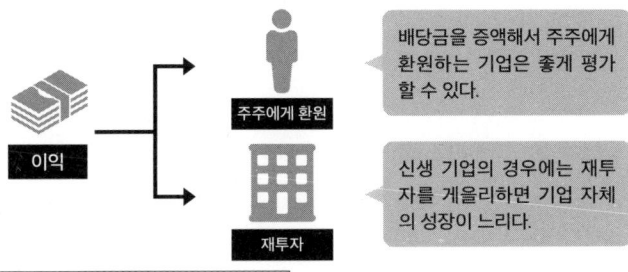

출처: 네이버 금융*

지침을 이해하고 있는 경영자가 키를 잡고 있는 기업에 투자하면 된다.

① 합리적인 자본 배분을 한다

경영자는 수익이 발생했을 때 그것을 재투자할지, 주주에게 환원할지 기업의 경영 상황에 맞게 판단해야 한다. 투자해도 상응하는 효과를 기대할 수 없는 경우에는 **배당금을 지급하거나 자사주를 매입*해서 주주에게 보답하는 편이 낫다.**

한편 투자자로서는 합리적인 자본 배분을 하는 경영자인지 확인할 필요가 있다. 일반적으로 일본 기업은 배당이율이 낮다고 알려져 있는데, 이익이 났을 때 배당을 늘려서 주주에게 환원하려고 하는 기업은 좋게 평가해야 한다.

동시에 성장을 위한 투자를 게을리하지 않는지도 체크할 필요가 있다. 특히 아직 신생 기업인 경우 재투자를 게을리하고 배당을 지급하면 그만큼 기업 전체의 성장도 느려진다. 그렇게 되면 장기적으로 봤을 때 주주에게 환원된다고 말하

● '네이버 금융' 사이트에 게재된 배당성향 순위. 이 밖에도 '증권정보포털(SEIBro)' 사이트 내 주식-배당정보-배당순위에서 확인할 수 있다.

* 기업이 발행한 주식을 다시 사들이는 일. 시장에서 유통하는 주식 수가 줄어 주가가 쉽게 올라가게 된다는 이점이 있다.

기 어렵다.

그렇기에 기업의 경영 상황에 따라 현명하게 판단하는 기업을 골라야 한다.

② 주주에게 성실한 모습을 보인다

경영자는 좋은 소식이든 나쁜 소식이든 있는 그대로 알려야 한다. 기업의 입장에서 나쁜 상황도 알릴 수 있는 솔직하고 성실한 경영자가 아니라면 주주에게 신뢰를 얻을 수 없다.

투자자의 입장에서는 경영자가 적극적으로 정보를 공시하는지 아닌지 확인할 필요가 있다. 요즘 컴플라이언스compliance*가 여기저기에서 거론되면서 기업의 부정이나 사건사고에 대한 사회의 시선이 엄격해지고 있다. 무언가가 발각된 다음에는 이미 되돌리기 늦었다고 봐야 한다. 그렇게 고객의 신뢰를 잃으면 기업의 존속도 위험해진다. 투자자는 이런 사태에 직면해서 큰 손실을 입지 않기 위해서라도 평소 적극적으로 공시에 애쓰는 기업에 투자해야 한다.

많은 기업은 공시 자료라고 불리는 연차보고서(애뉴얼 리포트)를 공개하고 있는데, 기업의 대략적인 상황을 알기 위해서도 매년 읽어야 한다(139쪽 참조). **중요한 것은 자료에 기업의 입장에서 나쁜 소식도 기재되어 있는지 보는 것이다.** 이런 내용이 기재된 기업은 그만큼 투명성 있는 경영을 하고 있다고 볼 수 있으므로 안심하고 자산을 투자할 수 있다.

③ 독자적인 경영 방침이 있다

경영자는 경쟁사가 많은 상태일 때 다른 경영자나 기업의 방식을 따라 하거나 기존에 있는 방식에 얽매여서는 안 된다. 또한 잉여 자금이 있다고 해서 무모한 계획을 세우는 것은 좋지 않다.

투자자 입장에서는 타사를 모방하지 않고 운영하는 기업을 골라야 한다. 비슷한 기업이 많은 상태일 때 다른 회사를 모방하지 않고 독자적인 노선을 일관하는지가 핵심이다. 독자적인 노선이 없다는 것은 그만큼 달리 자랑할 강점이 없다는 뜻이다. 그런 기업은 버핏이 말하는 지속적인 경쟁 우위성(69쪽 참조)이 없는 기업이므로 투자 대상에서 제외해야 한다.

실제로 경영자의 생각을 알려면 주주총회에 참가하는 것도 한 방법이다. 기본

---

* 법령준수라고 하며, 기업이 법률이나 내규 등의 규칙을 잘 지키는 일.

기업의 정보를 알 수 있는 '공시 자료'

일본 생명의 공시 자료

일본 생명 HP <종합보고서>
(https://www.nissay.co.jp/kaisha/annai/gyoseki/kisclosure_r2.html)

내용
- 사업 개요
- 기업 지배구조·내부통제
- 경영 기반
- 회사 데이터
- 회사 정보
- 재무 정보
등

좋은 소식뿐만 아니라 나쁜 소식도 게재한 기업은 투명성이 있는 성실한 기업이라고 할 수 있다.

적으로 주식을 100주 이상 보유하는 투자자는 주주 총회에 참가할 권리를 가지고 있다.

주주총회에는 질의응답 시간이 있기 때문에 경영자 발언을 직접 들을 기회이기도 하다. 그래서 궁금한 기업이 있으면 일단 주식을 보유하고 주주총회에 참가하는 것이 좋다.

이런 지침을 가장 중시한 워런 버핏은 가구 제조회사의 네브래스카 퍼니처 마트Nebrask Furniture Mart의 로즈 블럼킨Rose Blumkin이나 보험 회사 내셔널 인뎀니티National Indemnity의 잭 링월트Jack Ringwalt와 같은 경영자의 유능함을 간파하고 그 후의 매수나 투자에서 큰 이익을 올리고 있다.

POINT
- 배당금 등으로 합리적인 자본 배분을 하고 있다.
- 적극적으로 정보를 공시하고 있다.
- 독자적인 경영 방침을 일관하고 있다.

연차보고서로 기업의 동향을 추적하다

가이코가 경영위기에 빠지다

1976년 가이코가 전년 결산에서 1억 2,600만 달러(현재 한화로 약 6,000억 원-역자)의 적자를 본 것을 밝혔다. 같은 해 배당이 정지되어 61달러였던 주가는 2달러

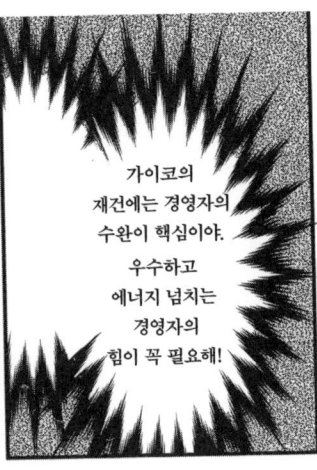

까지 폭락했다. 가이코는 1936년 설립 이후 40년 동안 많은 보험 계약을 체결했지만, 본래의 비용을 오인한 것이 경영 악화의 방아쇠가 되었다.

학생 시절 가이코의 사무실에 불쑥 찾아갔을 때, **당시 부사장 데이비슨이 베푼 친절을 받은 워런 버핏은 이후 항상 연차보고서를 읽으며 가이코를 주목하고 있었다.** 결산 전에 그 위기를 눈치채고 당시 CEO이자 친구인 놈 기든Norm Gidden을 찾아갔지만, 경영방침에 대한 조언은 일절 거부당했다.

경영자의 유능함을 파악해서 큰돈을 투자하다

이후 기든을 대신해 경영 위기에 빠진 가이코를 구하고자 새로운 CEO로 발탁된 것이 잭 번Jack Byrne이었다. 본래 대형 보험회사에 있던 번은 CEO에 취임한 후 보험료 인상을 위해 거래처를 돌았으나 어디에서도 응해주지 않았다.

버핏으로서도 가이코에는 이미 경영을 지탱할 만큼의 강점이 없어서 이것을 **재건할 수 있는 것은 우수하고 열정적인 경영자뿐이라고 생각했다.** 그래서 새로운 CEO가 된 번이라는 인물을 알기 위해 면담 약속을 잡았다. 실제로 번과 만난 버

핏은 가이코의 미래에 대해 몇 시간 동안 이야기를 나누었다.

훗날 버핏이 그에 대해 "보험을 잘 이해하고 분석 능력도 있었다. 리더십도 있고, 판매도 능숙했다." "온 나라를 찾아도 이보다 우수한 지휘관은 찾을 수 없다." 라고 이야기할 정도로 잭 번은 유능한 인물이었다. 그를 진심으로 신뢰했던 버핏은 가이코의 주식에 400만 달러를 투자했다.

명문 투자은행의 구조선으로 공모까지 성공하다

잭 번은 워런 버핏의 조언을 바탕으로 경영 악화를 초래한 전 경영진을 불러들였다. 그리고 자금 조달을 위해 전환주*의 공모를 받아줄 투자은행을 찾아다녔지만 전부 거절당했다. 의지할 곳은 투자은행 살로몬 브라더스뿐이었다.

살로몬의 사무실에서 만난 존 굿프렌드 회장은 입을 열자마자 "그런 형편없는 것을 누가 사나?"라고 쏘아붙였다. 그러나 번은 기죽지 않고 말을 이어 갔다. 버핏이 투자하고 있다는 사실도 알렸다. 이 무렵 버핏은 《슈퍼머니》라는 베스트셀러에 소개되어 투자자 사이에서 스타 같은 존재였다. 결국 굿프렌드는 7,600만 달러의 전환주를 받아들여 주었다.

막상 공모가 시작되자 당초의 비관적인 예측은 빗나갔다. **워런 버핏이 구제에 나섰다는 정보까지 퍼지자 응모는 범위를 충분히 웃돌았다.** 또한 동시에 27개의 보험회사가 계약의 일부를 받아들이기를 희망했다.

그 후 몇 주가 지나자 가이코의 주가는 8달러 전후로 상승했다. 다음 해에는 실적이 흑자로 전환되어 신용도 회복되었다. 버핏은 일약 가이코의 구세주가 되었다.

---

* 주주의 청구에 따라 투자자가 통상 거래하는 보통주로 전환할 권리가 인정된 주식을 말한다. 신주 모집에 적합하다.

투자 전략 ②　　　　　　　　　　　　　　　　　　　**버핏의 투자법 해설**

투자 대상에서 제외했더라도
궁금한 기업은 계속해서 추적한다

항상 기업의 동향을 확인한다

버핏은 은사 그레이엄이 회장을 역임한 가이코의 주식을 학생 시절에 매수하고, 얼마 뒤에 매도했지만, 그 이후에도 잊지 않고 20년 동안 계속 추적해서 투자 기회를 찾았다. 그렇기 때문에 가이코가 파산 위기를 맞았을 때 그것을 재빨리 알아차리고 투자 판단을 내릴 수 있었다.

이렇게 한 번 매도했거나 투자 대상에서 제외한 기업이라도 **나중에 돌아오는 절호의 기회를 놓치지 않으려면 동향을 항상 확인할 필요가 있다.**

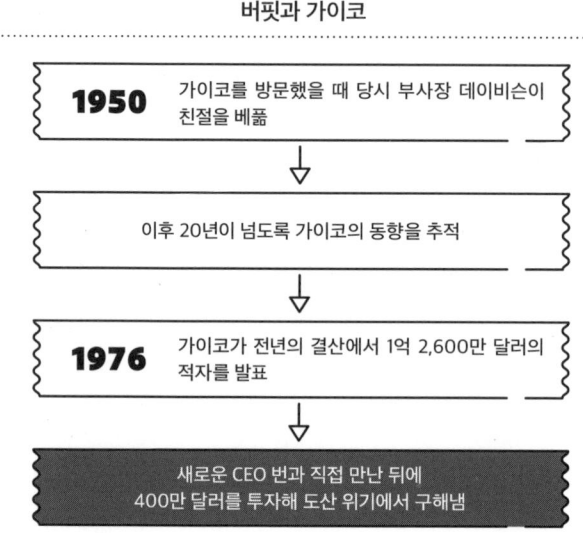

연차보고서로 기업의 성장성을 판단한다

버핏이 확인했던 것은 연차보고서(애뉴얼 리포트)다. 연차보고서란 기업이 투자자나 금융 기관 등을 대상으로 작성하는 보고서를 말하며, 정보 공시라는 관점에서 사업 연도별 활동 내용이나 실적을 게재하고 있다.

비슷하게 활동 내용이나 실적을 정리한 **결산 단신이나 유가증권 보고서에 비교하면 형식이 정해지지 않은 만큼 내용의 자유도가 높기 때문에 기업의 개성이 잘 드러난다.** 또한 장기 투자를 할 때 중요한 기업의 비전이나 경영 전략, 사원의 상황 등 보이지 않는 자산(100쪽 참조)을 파악하기 쉽다는 이점이있다.

기업에 따라 내용은 다르다. 일례로 미쓰비시 상사의 연차보고서를 보면 미쓰비시 상사가 목표로 하는 모습, 미쓰비시 상사에 의한 가치 창조, 기업 지배구조라는 큰 목차가 있고, 그로부터 사장의 메시지, 조직도, 회사 정보 등의 소목차가 갈라져 나오는 형태로 항목이 나열되어 있다.

연차보고서에서 확인할 수 있는 5가지 항목

워런 버핏도 매년 빠뜨리지 않고 연차보고서를 읽지만, 다양한 정보가 게재되어 있어 목적이 없는 상태에서 읽으면 중요한 정보를 얻을 수 없다. 그래서 연차보고

연차보고서의 내용

미쓰비시 상사의 경우 홈페이지의 '투자자 정보'에서 확인할 수 있다.

미쓰비시의 연차보고서(목차)

출처: 미쓰비시 상사 〈통계보고서2020〉

01 미쓰비시 상사가 목표로 하는 모습
기업 이념이나 내년도의 경영 방침, 경영자의 메시지 등 경영의 비전.

02 미쓰비시에 의한 가치 창조
기업의 강점, 과제에 대한 대처, 사원의 육성 및 연수 제도 등 비즈니스의 구조.

03 기업 지배구조
경영의 기반이 되는 지배구조의 방침이나 체제 등.

04 참고정보
조직도나 주요 재무 상황, 사업 활동의 보고 등.

서에서 투자자가 골라내야 할 요소를 다음 5개로 좁혀서 소개한다.

① 사장(회장)의 메시지
② 회사 개요
③ 주요 사업
④ 자산과 부채의 추이
⑤ 경영자*의 면면

① 사장(회장)의 메시지는 대부분 연차보고서의 서두에 게재되어 있으며, 앞으로의 경영 전략을 밝힌다. 그것이 단기적인 전망인지, 장기적인 전망인지 확인하는 것이 중요하다.

연차보고서에서 확인해야 할 5가지 항목

1. 사장의 메시지
사장이 제대로 된 장기적인 전망을 갖고 있는지 확인한다.

2. 회사 개요
기업의 연혁과 구성에서 그 기업의 규모와 위치를 읽어낸다.

3. 주요 사업
자사의 제품과 서비스에 대해 구체적으로 설명되어 있는지 확인한다.

4. 자산과 부채의 추이
가장 최근의 매출과 현금 흐름의 추이 등 재무 상황을 총괄적으로 파악할 수 있다.

5. 경영자의 면면
숫자만으로는 알 수 없는 경영진의 생각이라는 귀중한 정보를 알 수 있다.

---

* 기업의 경영에 종사하는 사람. 일반적으로는 대표이사나 이사 등의 임원을 가리킨다. 여기에서는 사장과 부사장을 포함한다.

② 회사 개요는 일반적으로 연차보고서에 소개되어 있다. 기업의 연혁 외에 그룹 기업[*]이라면 모회사와 관계 회사가 일람 혹은 그림으로 나오는 것이 일반적이다. 이를 통해 기업의 규모나 그룹 전체에서 어떤 위치에 있는지 읽어내는 것이 중요하다.

가령 모회사가 대기업이라면 마음이 든든하다. 자금 제공을 받을 수 있으면 그만큼 도산할 위험도 낮다. 모회사와의 제휴에서 큰 프로젝트의 기회가 돌아오면 실적 향상으로도 이어질 것이다.

③ 주요 사업은 그 기업이 어떤 제품이나 서비스를 제공하고 있는지를 확인하는 일이며, 이는 매우 중요하다. 이 부분이 구체적으로 설명되어 있지 않은 기업은 투자 대상에서 제외한다.

④ 자산과 부채의 추이에 대해서는 실제로 재무제표를 읽는 것이 바람직한데(68쪽 참조), 연차보고서에도 도표나 그래프를 함께 넣어 알기 쉽게 소개된 경우가 많으므로 기업의 재무 상황을 대략이라도 파악해두자.

연차보고서의 '사업 내용'

출처: 미쓰비시 상사 〈종합보고서2020〉

미쓰비시 상사는 천연가스, 종합 소재 등 10개의 그룹(부문)으로 나누어져 있음을 알 수 있다. 또한 그룹별 당기순이익과 총자산도 게재되어 있다.

---

* 자본에서 모자 관계에 있는 일련의 회사군을 말한다. 모회사, 관계 회사(자회사, 관련회사)로 구성된다.

연차보고서에 나오는 '경영자의 면면'

출처: 미쓰비시 상사 〈종합보고서2020〉

미쓰비시 상사의 대표이사와 감사(2020년 7월 1일 기준)의 이름과 과거의 경력이 사진과 함께 소개되어 있어 경영진의 연령층과 남녀 비율 등도 알 수 있다.

⑤ 경영자의 면면을 알 수 있는 것이 연차보고서의 뛰어난 점이다. 결산서의 숫자만으로는 어떤 인물이 키를 쥐고 있는지 알 수 없다. 사장은 미디어에 노출이 많이 되므로 생각을 엿볼 기회가 많지만, 그 외의 경영진에 대해서는 파악할 기회가 적다. 사장 이외에 우수한 경영자가 풍부한 것도 기업을 평가하는 재료가 된다.

한 번 투자 대상에서 제외한 기업이라도 실적이 호전되고 앞으로의 전망이 밝은 경우에는 투자를 검토한다. 반대로 연차보고서를 통해 새롭게 흥미를 가진 기업이라도 현시점에서 전망이 좋지 않은 경우에는 투자 대상에서 제외하기도 한다.

어떤 경우든 매년 연차보고서나 재무제표 등을 확인해둔다면 어느 날 기회가 왔을 때 놓치지 않을 것이다.

> POINT
> · 연차보고서에는 기업의 개성이 드러난다.
> · 연차보고서는 목적을 가지고 읽는다.
> · 투자 대상에서 제외한 기업의 연차보고서도 확인한다.

PART 5

WARREN BUFFETT

최전선에서 투자를 지속하는 워런 버핏

> 버핏의 말　　　　　　　　　　　　　　[노년기] 1999-2020
>
> "다른 이들이 욕심낼 때 두려워하고, 다른 이들이 두려워할 때 욕심을 내야 합니다."
>
> -1986년 버크셔 해서웨이의 주주에게 보낸 편지 중 한 문장

주변에 현혹되지 않는 투자자

워런 버핏이 이 말을 한 것은 지금으로부터 30년 이상 전인 1986년의 일이다.

이때 버핏은 주변 사람들이 투자에 대해 욕심내는 것을 전염병에 비유하면서 "이 전염병은 투자 커뮤니티 내에서 끊임없이 발생합니다. 유행 시기는 예측할 수 없고, 그에 따라 야기되는 시장의 이상도 마찬가지로 예측 불가능합니다."라고 말했다.

지금으로부터 30년 이상 전에 한 말이지만, 그가 이 말에 따랐다는 것을 잘 알 수 있는 사례가 1999년에 일어난 '닷컴버블'이다. 당시 IT업계가 급속히 발달하면서 미국을 중심으로 IT관련 기업의 주가가 급격히 상승했다. 그러나 버핏은 **그런 상황에도 IT 관련 기업에 전혀 투자하지 않았다.** 그 모습을 본 미디어는 시대에 뒤떨어진 투자자라며 야유했다.

그런데 그 후 2000년 3월을 기점으로 미 주식시장에서 IT 관련 기업의 상장 러시는 종말을 고했고, 버블*은 붕괴했다. IT 관련 기업에 많은 돈을 투자했던 투자자들은 막대한 손실을 입었고, 투자에 뛰어들지 않았던 버핏은 거의 손해가 없었다. 버핏의 행동이 옳았다는 것이 증명된 것이다.

---

* 자산의 가격이 급속히 올라가서 경기가 좋아지는 사회 현상.

일본 기업의 대주주가 되다

이를 통해 알 수 있듯이 워런 버핏은 시세의 흐름에 거슬러 주식을 매매하는 이른바 '역추세 매매 투자자'다. 역추세 매매는 인기가 높은 상승세일 때 팔고, 인기가 떨어져 주가가 하락세일 때 사는 식으로 시황과 반대로 가는 역투자 방법이다.

만약 트렌드의 흐름을 잘못 읽으면 매수를 한 지점부터 더 하락해서 손실이 커질 위험이 있다.

그러나 버핏은 역추세 매매를 제대로 활용한 뛰어난 투자자였다. 닷컴버블이 터져서 주변 사람들이 앞다투어 매도에 나섰을 때, 버블 붕괴에 휘말려 저렴해진 주식을 자신이 가진 윤택한 자금으로 사들였다.

그가 화려한 성공을 거둘 수 있었던 것은 지금까지 이 책에서 소개한 대로 **인생에서 배운 투자의 판단 기준을 믿고 계속 실행해왔기 때문이다.**

그리고 닷컴버블 붕괴에서 20년이 지난 2020년 3월, 코로나19가 확산되어 전 세계의 경제가 큰 타격을 입었다. 많은 주식이 가격이 떨어져 방치되어 있는 와중에 일본 주식을 사지 않겠냐는 이야기를 들은 워런 버핏은 일본 5대 상사의 주식을 5%씩 취득해서 대주주가 되었다. 실제로는 1년 정도 전부터 사기 시작했다고 하는데, 그 진의는 과연 무엇일까?

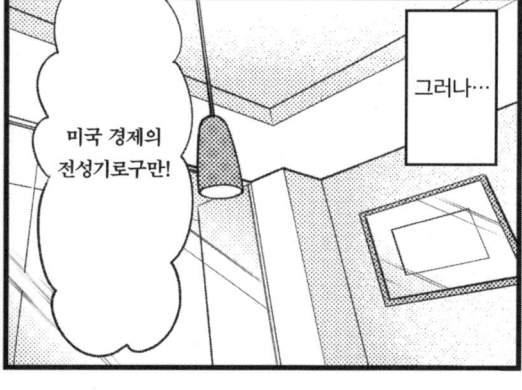

워런 버핏은 역추세 매매 투자자*이다.

버핏에게 우량기업의 가격이 저렴할 때가 매수 시기인 것이다.

* 주식이 하락세일 때 사서 상승세일 때 파는 방법을 쓰는 투자자

어떤 잡지 인터뷰에서 버핏은 이렇게 말했다.

"우리에게 일어나는 최선의 일은 훌륭한 회사가 일시적인 난관을 만났을 때입니다."

즉 주변 상황이 비관적일 때야말로 버핏에게 기회인 셈이다.

버핏이 시대에 뒤처진 투자자라는 비판은 잘못되었다.

* 투자 대상 기업의 지배를 목적으로 하는 투자 ** 주주의 권리를 크게 주장하는 주주

주요 장면 ① 노년기

자기 자신의 투자 판단을 믿는다

IT 기업에 투자한다는 의미

1999년부터 2000년 무렵까지 세상은 IT 붐으로 떠들썩했고 마이크로소프트Microsoft, 인텔, 월드컴 WorldCom이라는 IT 관련 기업의 주가가 순식간에 상승해 닷컴버블이라고 할 만한 커다란 매매가 일어났다.

그러나 세상의 떠들썩함과 반대로 버핏은 IT 기업의 주식에 일절 손을 대지 않았다. IT 분야에는 문외한이기 때문에 투자하지 않는다고 딱 잘라 말했다. 그리고 2년 가까이 이어진 닷컴버블은 머지않아 붕괴해서 미 주식시장에 지대한 영향을 끼쳤다. 많은 투자자가 쓰라림을 맛본 가운데 버핏은 자신의 투자 판단 덕분에 위기를 모면했다.

그런데 **닷컴버블의 붕괴로부터 십수 년이 지났을 무렵 갑자기 버핏이 운영하는 버크셔 해서웨이가 IT 기업의 주식을 구매했다.** 이 움직임에 많은 미디어가 놀라서 그 동향에 주목했다. 닷컴버블이 터지고 수년, 버핏은 무슨 생각으로 IT 기업에 투자를 시작한 것일까?

IT라고 좋게 평가하지 않는다

워런 버핏이 IT 관련 주식을 처음 구매한 것은 2011년 컴퓨터 제조와 판매를 하고 있는 IBM이었는데, 107억 달러(현재 한화로 약 8조 3,000억 원-역자)에 구매해서 최대주주*가 되었다.

버핏의 움직임에 미디어는 오마하의 현인이 왜 마음을 바꾸었는지 기사를 쏟아냈다. 버핏의 진의는 수개월 후에 밝혀졌다. 버핏이 IBM의 주식을 구매하고 몇 개월 후 2011년이 저물어가는 11월에 버핏은 CNBC 방송의 인터뷰에 응해서 자신의 생각을 표명했다.

버핏은 IBM에 대해 컨설팅 회사로서 지금까지 확립된 지위나 타사에 없는 서비스를 하고 있다는 점을 좋게 평가했고, 나아가 장기 전략이 우수하다고 판단했다. 즉 **IBM을 IT 기업이 아니라 다른 관점에서 보고 평가한 것이다.**

2016년에 버크셔 해서웨이는 IBM의 주식을 추가로 매수했고, 아이폰iPhone을 판매하는 애플의 주식도 구매했다. 이때도 버핏은 애플을 IT 기업이 아닌 다른 관점에서 평가했다. 애플 상품의 뛰어난 디자인성과 그것을 제대로 활용한 사업 전개에서 기업의 가치를 찾아낸 것이다.

또한 애플에 투자한 것은 워런 버핏의 후계자 후보의 입김이 강하게 작용했다. 아직 제일선에서 활약한다고 해도 버핏은 현재 90세의 고령이다(2021년 2월 시점). 나이를 생각하면 후계자의 인수는 당연히 염두에 두고 있다.

버크셔의 자산 운용에서 버핏의 후계자로 일컬어지는 사람은 테드 웨슐러Ted Weschler와 토드 콤스Todd Combs다. 이 두 사람은 버크셔의 운용 담당자로서 10억 달러 정도의 투자 권한을 인정받았는데, 권한 내에 있는 자금의 대부분을 애플에 투입했다고 보고 있다.

---

* 기업이 발행한 주식 중 의결권이 있는 주식을 가장 많이 보유하고 있는 주주를 말한다.

투자 전략 ① 　　　　　　　　　　　　　　　　**버핏의 투자법 해설**

비즈니스 모델을 이해할 수 있는 기업을 고른다

워런 버핏이 찾아낸 4가지 지표

버핏은 자신의 판단 기준에 따라 투자할 곳을 확인하므로 경기*에 좌우되는 일 없이 투자한다. 그 투자 스탠스는 크게 4가지로 나뉜다.

첫째, 그 기업의 본래 가치보다 주가가 저렴한가? 1장에서 소개한 대로 이것은 학생 시절에 그레이엄의 저서에서 배운 가치투자 방식이 그대로 반영된 것이다.

그리고 3장에서 소개한 피셔 투자법에서 버핏이 배운 것은 **'사업 내용을 이해할 수 있는가?' '장기적으로 좋은 실적이 예상되는가?'** 라는 2가지 항목이었다.

그리고 마지막으로 4장에서 소개한 **'경영자에게 능력이 있는가?'** 라는 지표다. 워런 버핏은 지금까지 겪은 투자 경험을 통해 투자할 곳을 확인하는 데에 필요한 4가지 지침을 찾아낸 것이다.

버핏은 이 4가지 항목에 전부 들어맞는 기업이 아니면 투자하지 않는다. 그래서 자신이 잘 이해하지 못하는 IT 분야는 '사업 내용을 이해할 수 있는가?'라는 기준에 부합하지 않으므로 투자하지 않기로 결정했다.

그렇다면 구체적으로 얼마나 이해하면 그 기준을 충족할 수 있을까? 그것은 **기업의 비즈니스 모델을 다른 사람에게 알기 쉽게 설명할 수 있는지, 아닌지**를 보는 것이다. 그 비즈니스에서 어떤 수익을 내고 있는지, 전망이 어떤지 등을 다른 사람에게 알기 쉽게 설명할 수 없다면 사업의 내용을 이해한다고 말할 수 없다.

---

* 매매나 거래 등에 나타나는 경제의 상황.

IT* 등의 하이테크 산업은 상당한 전문 지식이 필요하므로 전문 분야에 특화되지 않은 버핏은 지금까지 투자를 피해왔다.

시장 가격(주가)에 현혹되지 않는다

지금까지 버핏이 시세에 좌우되지 않고 투자를 해온 것은 기업의 적정한 가격을 볼 수 있었기 때문이다. 그는 항상 단기적인 시세 변동이 아닌 그 기업의 본래 가치에 주목해 주가가 적정한지 확인했다.

사실 시장에서 우량기업의 주가가 적정 가격보다 내려가는 것은 자주 일어나는 일이다. 주가는 수요와 공급의 관계로 가격이 정해지는데 수요, 즉 시장에서의 인기는 사람들의 단기적인 경제 예상에 따라 정해진다. 그래서 장기적으로 보면 상승세에 있는 기업의 주가가 그때 예상에 따라 일시적으로 저렴해지는 일은 종종 일어난다.

버핏의 투자 스탠스

(주가) 그 기업의 본래 가치보다 주가가 싸다.

(사업) 사업의 내용을 이해할 수 있다.

(실적) 장기적으로 좋은 실적이 예상된다.

(능력) 경영자에게 능력이 있다.

전부 해당되는 기업에만 투자한다.

---

* 컴퓨터나 인터넷이라는 데이터 통신 분야를 다루는 기술. 1990년대부터 급속히 발전해서 투자자의 주목을 끌었다.

가령 어느 기업에서 갑자기 사건이 발생하면 투자자들은 패닉 상태가 되어 주가에 영향이 미치기 쉽다. 이럴 때가 투자의 적기로, 시장가치(인기)와 기업의 본질적 가치(62쪽 참조)는 비례하지 않다는 것을 명심하자. 기업의 적정 가치를 알아두면 '지금 시장 가격이 내려가는 것은 투자자가 시세의 분위기에 휘말려 있기 때문이다.'라는 것을 깨달을 수 있다.

그리고 그것을 확실히 볼 수 있으면 불황을 강한 내 편으로 만들 수 있다. 불황 시에는 어느 기업이든 가격이 내려가는 경향이 있기 때문에 우량기업의 주식을 저렴하게 살 수 있다.

워런 버핏이 기업을 찾는 방식

버핏은 투자할 곳을 찾을 때 종이와 연필을 준비하고 다음의 순서대로 써 내려간다.
① 자신이 이해할 수 있는 기업의 이름을 적는다.
② 그중에서 주가가 고액이거나 경영자나 사업 환경이 좋지 않은 기업을 제외한다.
③ 남은 기업에 대해 자신이 상속받았다는 생각으로 장점과 단점을 파악한다.

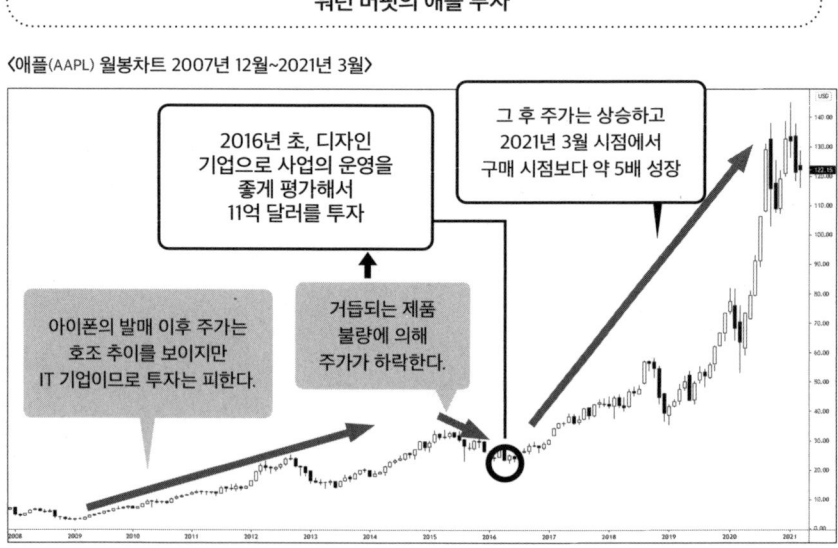

워런 버핏의 애플 투자

〈애플(AAPL) 월봉차트 2007년 12월~2021년 3월〉

버핏이 투자처를 고르는 순서

□ STEP 1   자신이 이해할 수 있는 기업의 이름을 적는다.

↓

□ STEP 2   주가가 고액이거나 경영자나 사업 환경이 좋지 않은 기업을 제외한다.

↓

□ STEP 3   남은 기업에 대해 자신이 상속받았다는 생각으로 장점과 단점을 파악한다.

얼핏 보면 아날로그 방식이라서 비효율적으로 보이지만, **머릿속에 있는 이미지를 문자로 표현해서 시각화하면 투자할 기업에 대해 더 확실하게 인식할 수 있다.** 이에 따라 자신이 그 기업의 비즈니스 모델을 제대로 이해하고 있는지, 그 기업의 문제점이나 장래성에 대해 객관적으로 생각하게 된다.

POINT
- 투자처의 비즈니스 모델을 다른 사람에게 설명할 수 있는 수준까지 이해한다.
- 투자처의 후보를 종이에 적어가며 객관적으로 생각한다.

투자의 신 버핏의 오늘날

90번째 생일에 일본 주식을 사다

2020년 8월 30일, 90세 생일을 맞이한 뜻깊은 날에 버핏은 일본 5대 상사(이토추 상사, 미쓰비시 상사, 미쓰이 물산, 스미토모 상사, 마루베니)의 주식을 각각 5%씩 취득했다. IT 관련 기업에 이어서 **지금까지 일본 주식은 사지 않는다고 알려진 버핏이 갑자기 일본의 상사 주식을 매수했다는 소식은 일본 시장 관계자를 들썩거리게 했다.**

이 투자가 어떤 의미인지 명확한 해답은 나오지 않았지만, 유명 투자자의 일본 주식 투자에 대해 대체로 환영하는 목소리가 컸다.

한편 버핏이 일본 기업에 성장 가능성이 있다고 느끼는 것이 아닌지 예상하는 관점도 있다. 어떤 이유든 버핏의 일본 주식 매수는 일본의 입장에서 긍정적인 화제라 할 수 있다.

일본 주식을 구매한 버핏의 진의는?

일본 주식을 매수한 이유로 일단 일본에 장수 기업이 많아서 장기 투자에 적합하다는 점이 거론되고 있다. 그중에서도 상사는 특히 긴 역사를 갖고 있고, 사업 규모도 크다. 사업 내용을 보자면 최근에 투자 사업에 힘을 쏟고 있기 때문에 버핏이 이해하기 쉬운 기업이라고 할 수 있다.

또한 일본 상사의 높은 배당이율에 주목한 것이 아닌가 하는 관점도 있다. 앞서 말한 코로나 쇼크의 영향으로 일본의 상사는 주가가 저렴한 상태로 방치되어 있고, 예상 배당이율이 높은 경향이 있다. 일본에는 배당이율이 3%를 넘으면 보통이라고 하는데, 대형 상사는 평균 4% 가까이 되고, 미쓰비시 상사는 5.9%, 스미토모 상사는 5.6%, 미쓰이 물산은 5.0% 등 5%를 넘는 곳도 있다.

이런 원인 분석이 난무하는 가운데 버핏은 세계 각지에 거점을 두고 장기적으로 사업을 해온 일본의 상사에 대해 **높은 지속성을 느꼈다고 밝혔다.** 아무래도 투자의 포인트는 '장기적인 지속성'에 있는 듯하다.

그 후 금융 완화 정책의 영향으로 시세는 버블이라고 할 만한 상승 트렌드에 돌입했다. 2021년 3월, 버핏이 매수한 5대 상사의 주가는 전부 상승세를 이어 갔다.

워런 버핏의 현재와 미래

2021년 3월 10일, 버핏의 자산이 1,000억 달러(현재 한화로 약 108조 원-역자)를 돌파했다는 것이 밝혀졌다. 지금까지도 투자의 신으로 많은 투자자에게 주목을 받아 왔지만, **그 기세는 멈추지 않았고 지금도 더욱 자산을 확대하고 있다.**

버크셔 해서웨이가 발표한 2020년도 포트폴리오*에서 버크셔 해서웨이의 주식 보유 비율은 애플이 44%, 뱅크 오브 아메리카 11.3%, 코카콜라 8.1%, 아메리칸 익스프레스 6.8%로 되어 있다.

앞으로 버핏이 어떤 주식을 추가로 구매하고 매매할지, 그 자산의 운용이 더욱 궁금해진다.

---

* 보유하는 금융상품(이 경우에는 주식)의 조합이나 각각의 비율.

투자 전략 ②　　　　　　　　　　　　　　　버핏의 투자법 해설

장기적으로 안정된 우량기업을 찾는다

공공성을 중시하는 일본 기업

지금까지 워런 버핏의 투자법과 스탠스를 소개했는데, 버핏이 투자하는 미국 기업과 일본 기업의 특징에는 큰 차이가 있다.

자주 언급되는 차이는 일본 기업은 미국 기업과 비교해서 이익률*이 낮다는 점이다.

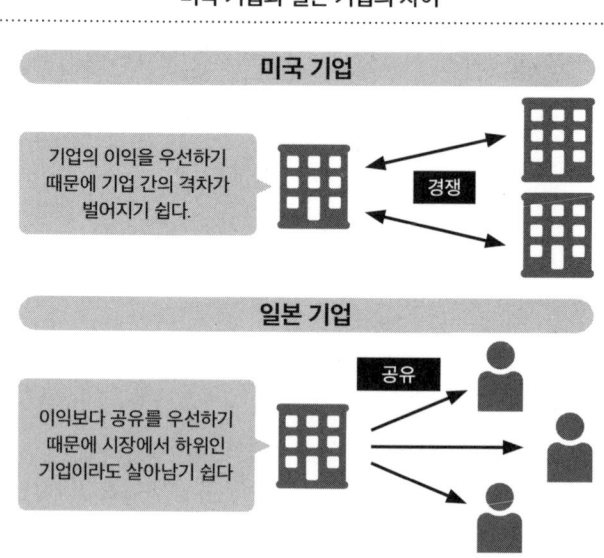

미국 기업과 일본 기업의 차이

미국 기업
기업의 이익을 우선하기 때문에 기업 간의 격차가 벌어지기 쉽다.
경쟁

일본 기업
이익보다 공유를 우선하기 때문에 시장에서 하위인 기업이라도 살아남기 쉽다.
공유

---

* 매출에서 차지하는 이익의 비율.

공공성*을 중시하는 일본 기업은 더 높은 이익을 올리는 것보다 자사의 제품과 서비스가 세상에 널리 공유되는 것을 우선하는 경향이 있다. 그래서 다소 비용이 들어 이익률이 낮더라도 자사의 서비스를 광범위하게 보급시키려고 하는 특징이 있다.

게다가 일본 기업은 단독 이익보다도 공공 이익을 중요시하는 경향이 있기 때문에 기업 간의 이익률의 격차가 별로 벌어지지 않는다. **일본의 경우 이익 격차가 큰 외국과 비교해서 시장 중에 하위에 위치한 기업이라고 해도 시장에서 도태될 우려가 적다.**

그래서 일본에는 100년 이상 이어 온 지속성 높은 기업이 다수 존재한다(아래의 도표 참조).

워런 버핏 같은 중장기 투자자에게 오랫동안 안정된 기업은 투자의 대상으로 우수한 기업이라고 할 수 있다. 또한 오랫동안 살아남은 기업은 축적한 자금도 많기 때문에 불황에도 살아남기 쉽다. 코로나19로 시장이 불안정한 시기이기에 일

일본 기업은 장기 투자에 적합하다

창업 100년이 넘은 기업

순위	나라	기업 수
1위	일본	3만 3,076사
2위	미국	1만 9,497사
3위	스웨덴	1만 3,997사

창업 200년이 넘은 기업

순위	나라	기업 수
1위	일본	1,340사
2위	미국	239사
3위	독일	201사

⬇

일본은 전 세계에서 장수 기업이 가장 많다.

⬇

지속성이 높기 때문에 장기 투자에 적합하다.

출처: 닛케이BP 컨설팅(2020년 3월 기준)

* 모든 사람들에게 널리 공통하는 것. 또한 다양한 사람들이 살아가는 사회라는 그룹을 대상으로 하는 일.

본 대기업에 주목했다고 봐도 될 것이다.

배당이율이 높은 기업에 투자

버핏이 일본의 상사에 투자한 이유로, 외국에 비해 배당이율이 낮은 경향인 일본에서 상사의 배당이율이 비교적 높다는 점이 거론되고 있다. 투자로 얻는 수익은 주식을 매수할 때와 매도할 때의 차액에 의한 이익인 '캐피털 게인Capital gain', 그리고 기업에서의 배당금 등으로 얻는 이익인 '인컴 게인Income gain' 두 가지가 있다.

단기 매매를 중심으로 하는 투자자라면 '주가가 올랐다(내렸다)'라는 캐피털 게인에만 주목하면 충분하지만, 버핏처럼 중장기 투자를 하는 사람은 주식을 보유해서 얻는 인컴 게인에도 주목한다.

장기적으로 실적을 늘리고, 큰 캐피털 게인을 얻을 수 있는 기업, 배당이율이 높아서 인컴 게인을 얻을 수 있는 기업에 투자하면 더 효율적으로 수익을 올릴 수 있다.

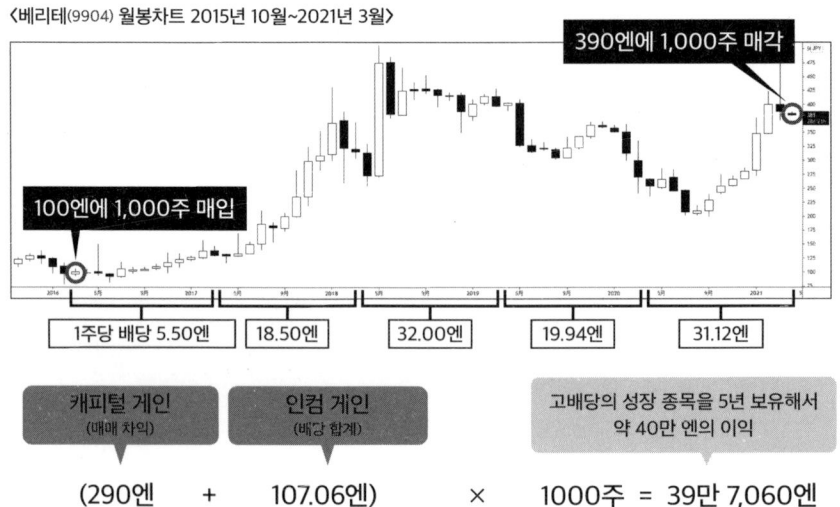

캐피털 게인과 인컴 게인에 따른 이익 예시

장기 안정을 위한 조건

그렇다면 장기적으로 안정된 우수한 기업을 어떻게 판별하면 좋을까?

지금까지 워런 버핏이 투자해온 기업은 뱅크 오브 아메리카, 코카콜라, 아메리칸 익스프레스, 크래프트 하인즈 등이며 전부 높은 브랜드력을 자랑한다.

버핏은 **브랜드 가치가 높고, 소비자의 마음이 떠나지 않는 기업이나 타사가 흉내를 내려고 해도 쉽게 따라 할 수 없는 기업**에 투자하는 것을 좋아한다. 이것은 장기적으로 실적이 안정된 기업을 파악하는 포인트 중 하나다.

이 외에도 장기적으로 안정된 기업을 확인하는 지침으로 최근 SDGs*와 함께 주목을 모으는 키워드가 있다. 바로 'ESG 투자'다.

ESG란 Environment(환경), Social(사회), Governance(지배구조)의 약칭으로 국제연합의 책임 투자 원칙**으로 채택된 사고방식이다.

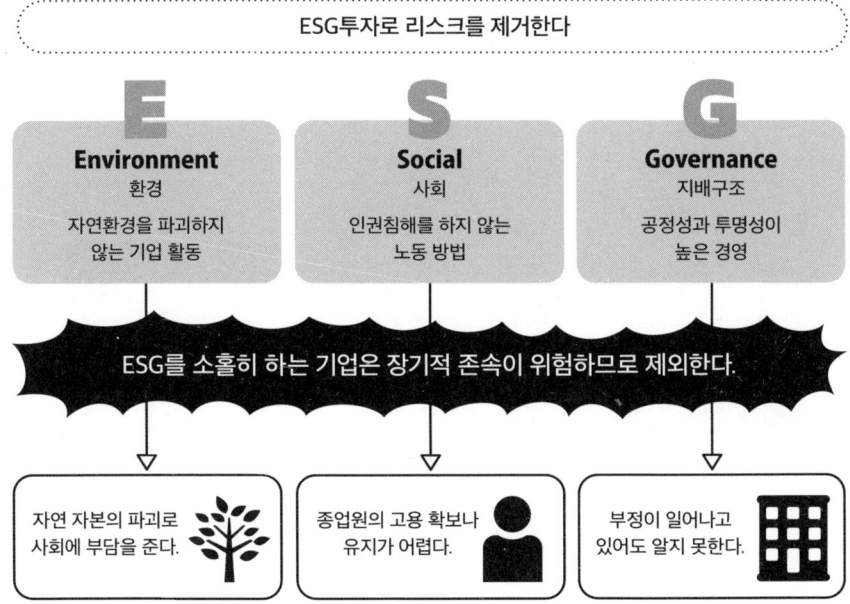

---

* Sustainable Development Goals(지속가능한 개발 목표)의 약칭으로 국제연합에 따라 채택된 국제사회 전체의 목표.
** 2006년에 당시 국제연합 사무총장이 제창한 투자 원칙으로 금융기관이 투자처를 선정하는 데에 지침이 된 것.

자연환경을 파괴하지 않고, CO2 절감에 얼마나 공헌하는지를 보는 환경적 관점, 인권침해가 없는 노동 방법이라는 사회적 관점, 그리고 공정성과 투명성이 높은 경영(기업 지배 구조)이라는 경영적인 관점을 요구한다. 이런 ESG를 신경 쓰는 기업을 골라 투자하는 것을 ESG 투자라고 한다.

ESG를 평가해서 리스크 관리를 파악한다

ESG 투자는 투자 리스크를 줄일 수 있다는 이점이 있다. 자연환경 파괴나 사회 문제의 심각화, 사원의 고용 유지라는 문제는 기업의 경제 활동의 존속을 좌우할 만큼 중대한 일이다.

  ESG를 평가하면 경영자가 제대로 그것을 이해하고 있는지, 혹은 그 문제에 얼마나 신경 쓰고 있는지를 알 수 있으므로 기업의 리스크 관리*를 파악할 수 있다. 장기적으로 안정된 지속성 높은 기업을 찾아내려면 그 기업이 ESG에 대해 어떤 노력을 하는지 확인하는 것이 좋다.

  버핏은 이런 ESG 투자에 적극적으로 관심을 보이고 있다. 버크셔 해서웨이에서는 풍력발전 등의 재생 가능 에너지에 거액의 투자를 하고, 버핏은 주주총회에서 핵무기나 전염병과 같은 사회문제를 자주 언급한다.

  자연환경 파괴나 인권침해처럼 사회에 악영향을 주는 기업은 단기적으로 이익을 올릴 수 있어도 장기적으로 존속하기는 어렵다. 따라서 버핏 같은 중장기 투자자에게는 ESG의 관점이 중요하다.

투자자로서 지녀야 할 의식

또한 기업이 사회와의 관계를 중시하는지, 윤리적으로 봤을 때 올바른 기업인지는 투자에서 매우 중요한 포인트가 된다. 그것은 버핏도 몸소 겪어서 잘 알고 있다.

  버핏의 인생에서 중대한 사건이었던 살로몬 브라더스 소송(129쪽 참조)이나 아메리칸 익스프레스 소송(84쪽 참조)에서 보여주듯이 **기업이 어떤 사건을 일으키거나 사건에 휘말리면 투자자들은 패닉을 일으키고, 주가가 급격히 하락한다.**

---

* 리스크를 조직적으로 관리하는 일로 손실의 회피나 제언을 도모하는 일.

버크셔의 보유 종목 상위 5사(2020년 기준)

종목	보유금액	보유비율
애플(AAPL)	1177.14억 달러	43.6%
뱅크 오브 아메리카(BAC)	306.16억 달러	11.3%
코카콜라(KO)	219.36억 달러	8.1%
아메리칸 익스프레스(AXP)	183.31억 달러	6.8%
크래프트 하인즈(KHC)	112.87억 달러	4.2%

출처: 마넥스 증권

전부 높은 브랜드력을 가진 기업

10년 동안 보유하고 싶지 않은 기업의 주식은 10분도 보유할 필요가 없다.

일시적 하락으로 끝나기도 하지만, 경우에 따라서는 회복이 어려울 수도 있다. 투자자로서도 기업의 공공성이나 투명성을 걱정해야 한다.

투자란 자신의 자산을 본인이 가치를 느끼는 곳에 넣는 일이다.

버핏도 "**10년 동안 보유하고 싶지 않은 기업의 주식은 10분도 보유할 필요가 없다.**"[*]라는 생각을 바탕으로 주식 투자를 해왔다. 자기 자산을 사용해 투자하는 것이라면 그 기업이 정말로 가치가 있는 기업인지 확실히 알아보고 정해야 한다.

> **POINT**
> · 기업의 높은 지속성에 주목한다.
> · 사회와의 관계를 소중히 하는 기업은 장기 안정성이 높다.
> · 10년 동안 보유하고 싶다고 생각되는 기업에 투자한다.

---

[*] 1996년 버크셔 해서웨이의 주주를 대상으로 쓴 편지의 한 문장.

History
버핏의 연보

유소년기부터 비즈니스에 힘써서 마침내 억만장자가 된 버핏의 인생을 더듬어간다.

1929년
· 세계대공황이 일어나다.

| 1930년 | 0세 |
· 8월 30일 네브래스카주 오마하에서 태어나다.

| 1931년 | 1세 |
· 아버지 하워드가 증권회사를 설립하다.

| 1936년 | 6세 |
· 근처에서 껌과 콜라를 방문판매하다.

미국 네브래스카주의 오마하라는 시골 마을

워런 버핏은 아버지 하워드 버핏 Howard Buffett과 어머니 레일라 버핏 Leila Buffett 사이에서 태어났다.

껌 팔아요! 한 팩에 5센트예요!

근처를 돌아다니며 팔아서 1팩당 2센트씩 수익을 냈다.

| 1937년 | 7세 |
· 《1,000달러를 버는 1,000가지 방법》을 애독하다.

| 1940년 | 10세 |
· 다 쓴 골프공과 팝콘을 팔다.
· 아버지와 뉴욕 증권거래소에 가다.

| 1941년 | 11세 |
· 첫 주식 투자로 시티스서비스를 구매하다.

| 1943년 | 13세 |
· 워싱턴 포스트 등의 신문 배달을 시작하다.

| 1945년 | 15세 |
· 농지를 사서 농업 비즈니스를 시작하다.

| 1947년 | 17세 |
· 이발소에서 핀볼 기계 비즈니스를 시작하다.

드디어…

드디어 그레이엄 교수님과 함께 일하는 거야!

1949년 | 19세
· 벤저민 그레이엄의 저서 《현명한 투자자》를 접하다.

1950년 | 20세
· 네브래스카 대학을 졸업하다.
· 컬럼비아대학교 비즈니스 스쿨에 입학하다.
· 보험 회사 가이코를 방문해서 데이비슨을 만나다.
· 비즈니스 스쿨에서 그레이엄의 수업을 받다.
· 수전 톰프슨을 만나다.

1951년 | 21세
· 컬럼비아대학교 비즈니스 스쿨을 졸업하다.
· 아버지의 증권회사에 취직하다.

1952년 | 22세
· 수전 톰프슨과 결혼하다.

1954년 | 24세
· 그레이엄의 권유로 그레이엄 뉴먼에 입사하다.

1956년 | 26세
· 그레이엄이 임원에서 은퇴하다.
· 그레이엄 뉴먼을 퇴사하고 오마하로 귀향하다.
· 버핏 어소시에이트를 설립하다.

1959년 | 29세
· 친구의 소개로 찰리 멍거를 만나다.

두 사람은 비즈니스에서도 좋은 파트너가 되어 세계 제일의 투자가와 그를 뒷받침하는 오른팔로 소문난 콤비가 되었다.

1979년 | 49세
· 찰리 멍거가 버크셔의 부회장에 취임하다.

1985년 | 55세
· 버크셔가 섬유 부문에서 퇴각하다.

1987년 | 57세
· 살로몬 브라더스에 7억 달러를 투자하다.
· 찰리 멍거와 함께 그 회사의 대표이사에 들어가다.

1991년 | 61세
· 살로몬의 부정 거래사건이 발생하다.
· **살로몬의 잠정적인 CEO가 되어 법률문제의 개선에 힘쓰다.**

1999년 | 69세
· 닷컴버블이 발생하다.

2000년 | 70세
· 닷컴버블이 붕괴되다.

잠정적으로 CEO에 취임하게 되었습니다.

워런 버핏입니다.

이번 사건에 대해 시급히 진실을 밝히고, 앞으로는 법령을 준수해서 회사를 올바른 방향으로 이끌어 가겠습니다.

속보입니다. 미국의 유명 투자자 워런 버핏 씨가 일본의 5대 상사의 주식을 65억 달러*에 취득했다고 발표했습니다.

버핏 첫 본격

워런 버핏 씨

2011년 | 81세
· 워싱턴 포스트의 대표이사를 은퇴하다.
· IBM의 주식을 구매하다.

2016년 | 86세
· 애플 주식을 구매하다.

2020년 | 90세
· 세계 각지에서 신종 코로나바이러스 감염증이 유행하다.
· **일본의 5대 상사의 대주주가 되다.**

2021년 3월 시점에
· 자산이 **1,000억** 달러에 이르다.
· 세계에서 **6번째의** 자산가가 되다.

맺음말

지금까지 워런 버핏의 삶과 뛰어난 업적을 스토리로 살펴보았는데, 알기 쉽게 전달되었는가?

이 책을 읽고 '대단한 사람이네'라는 생각만으로 그치지 않기를 바란다. 세상에는 자신이 절대로 흉내 낼 수 없는 슈퍼스타가 있지만, 버핏은 흉내 낼 수 있는 위인이다. 버핏은 은사에게서 배운 것과 스스로 경험하며 배운 것을 바탕으로 정한 규칙을 지키며 투자해왔을 뿐이다.

따라서 그의 투자 방식을 조금이라도 받아들인다면 버핏만큼은 아니더라도 장기적으로 확실히 자산을 불릴 수 있을 것이다.

이 책으로 모든 사람의 인생이 더 풍요로워지기를 소망한다.

하마모토 아키라

만화로 보는 워런 버핏의 투자 전략
하루 만에 끝내는 주식 투자의 정석

초판 발행	2023년 1월 16일
펴낸곳	비즈니스랩
발행인	현호영
감　수	하마모토 아키라
만　화	차보
옮긴이	정지영
편　집	이아람
디자인	오미인
주　소	서울시 마포구 백범로 35 서강대학교 곤자가홀 1층
팩　스	070.8224.4322
이메일	uxreviewkorea@gmail.com

ISBN 979-11-92143-72-9 (03320)

- 비즈니스랩은 유엑스리뷰 출판그룹의 경제경영 서적 전문 브랜드입니다.
- 잘못된 책은 구입한 서점에서 바꿔 드립니다.
- 이 책에 실린 모든 내용, 디자인, 이미지, 편집 구성의 저작권은 출판사와 지은이에게 있습니다. 허락 없이 복제하거나 다른 매체에 옮겨 실을 수 없습니다.

MANGA DE WAKARU BUFFETT NO TOSHIJYUTSU

Copyright © standards 2021
All rights reserved.

Original Japanese edition published in 2021 by standards inc.
Korean translation rights arranged with standards inc., Tokyo
through Eric Yang Agency Co., Seoul.
Korean translation rights © 2023 by UX REVIEW